So gewinnen Sie mehr

Selbstvertrauen

Rolf Merkle

So gewinnen Sie mehr **Selbstvertrauen**

Den inneren Kritiker besiegen – sich selbst annehmen

Weltbild

Genehmigte Lizenzausgabe für Verlagsgruppe Weltbild GmbH,
Steinerne Furt, 86167 Augsburg

Die Ratschläge dieses Buches sind vom Autor und vom Verlag sorgfältig geprüft. Autor und Verlag können jedoch keine Garantie geben und schließen jede Haftung für Personen-, Sach- und Vermögensschäden aus.

Umschlaggestaltung: bürosüd°, München
Umschlagmotiv: Getty Images
Satz: Uhl + Massopust, Aalen
Gesamtherstellung: CPI Moravia Books s.r.o., Pohorelice
Printed in the EU
978-3-8289-5062-7

2013 2012 2011
Die letzte Jahreszahl gibt die aktuelle Lizenzausgabe an.

Inhalt

Einleitung 7

1 Selbstwertgefühl: Was ist das? 15

2 Wie steht es um Ihr Selbstwertgefühl? 26

3 Die Folgen eines geringen Selbstwertgefühls 31

4 Ein Blick in Ihre Zukunft 44

5 Darf ich Ihnen Ihren Untermieter vorstellen?
Sein Name: Kritiker 56

6 Was ist die Wahrheit über Sie? 84

7 Die Tricks unseres Kritikers 91

8 Entwaffnen Sie Ihren Kritiker 116

9 Übungen zur Stärkung Ihres Selbstvertrauens
und Ihres Selbstwertgefühls 133

Schlusswort 157

Einleitung

Selbstvertrauen – wer von uns wünscht sich das nicht und wer von uns könnte davon nicht mehr gebrauchen? Vieles im Leben würde uns dann leichter fallen und so mancher Frust bliebe uns erspart. Eine Stimme in uns schafft es jedoch immer wieder, uns unser Selbstvertrauen zu rauben. Diese Stimme verstummt nie. Wir mögen uns in Alkohol, Drogen, Beruhigungs- oder Aufputschmittel flüchten, wir werden sie nicht los. Sie gehört zu unserem seelischen Handgepäck, das wir auf Schritt und Tritt mit uns herumtragen. Sie ist dafür verantwortlich, dass wir unglücklich und unzufrieden sind, dass wir persönlich oder beruflich versagen, dass unser Leben unerfüllt und leer ist, dass wir mit Schwierigkeiten nicht fertig werden oder gar an ihnen zerbrechen, dass wir ängstlich und empfindlich wie eine Mimose sind und dass wir mit anderen nicht klarkommen.

Wissen Sie, von wem die Rede ist? Ich spreche von dem Kritiker in uns, jener inneren Stimme, die nur darauf wartet, uns bei einem Fehltritt oder einer Schwäche zu ertappen, um uns dann sofort und aufs Schärfste zu verurteilen und uns mit dem quälenden Gefühl zurückzulassen, dass mit uns etwas nicht stimmt. Durch tausende von Gesprächen mit meinen Patienten weiß ich, dass diese negative Stimme Ihr und mein größter Feind ist. Wenn es Ihnen gelingt, diese Stimme zum Schweigen zu bringen und an deren Stelle eine positive und aufmunternde Stimme zu setzen, dann haben Sie die Voraussetzung für ein zufriedenes und erfolgreiches Leben geschaffen. Dann verfügen Sie über ein positives Selbstwertgefühl und genügend Selbstvertrauen, um sehr viele der persönlichen und beruflichen Schwierigkeiten des Lebens erfolgreich zu meistern.

Ich werde Ihnen zeigen, wie Sie dem Kritiker in Ihnen den Stachel ziehen und wie Sie lernen können, sich selbst mehr anzunehmen. Ich möchte Ihnen zeigen, wie Sie die Feindschaft gegen sich selbst in Freundschaft verwandeln können. Wenn ich in der Therapie oder bei Vorträgen sage, dass es sehr wichtig ist, sich selbst anzunehmen, ja sich selbst zu mögen, dann werfen mir meine Zuhörer manchmal vor, ich wolle die Menschen dazu erziehen, egoistisch und selbstherrlich zu sein. Solche Reaktionen zeigen mir, wie tief in vielen Menschen die Überzeugung verwurzelt ist, dass es schlecht ist, sich selbst zu mögen. Ich erkenne daran aber auch, welch falsche Vorstellungen die Menschen im Zusammenhang mit der Selbstannahme haben. Wie ich Ihnen nämlich noch zeigen werde, ist es keineswegs unmoralisch oder verwerflich, sich selbst zu mögen. Im Gegenteil: Ich halte es sogar für unsere Pflicht. Aber mehr darüber später.

Warum schreibe ich ein Buch zu diesem Thema und gehe das Risiko ein, von anderen wegen meiner Überzeugung in dieser Sache kritisiert zu werden? Eine Antwort ist schnell gegeben. Ich mache in meiner Praxis immer wieder die Erfahrung, dass so gut wie alle seelischen Probleme, wegen denen mich meine Patienten aufsuchen, auf ein geringes Selbstwertgefühl zurückzuführen sind. Ich verwende in der Therapie deshalb einen Großteil der Zeit darauf, meine Klienten auf die Gefahren der Selbstvorwürfe, der Selbstkritik und Selbstablehnung aufmerksam zu machen, und helfe ihnen, sich selbst mehr anzunehmen. Nur Menschen, die sich selbst annehmen, ja sogar mögen, besitzen die Fähigkeit, ein erfülltes und glückliches Leben zu führen und mit ihren Mitmenschen eine gute Beziehung zu haben. Einen kleinen Eindruck davon, wie unterschiedlich die Folgen eines mangelnden Selbstwertgefühls sein können, erhalten Sie in Kapitel 3.

Da ich weiß, dass es für Sie hilfreich sein kann, wenn Sie die Gründe für Ihr geringes Selbstwertgefühl kennen, werden wir in Kapitel 5 darüber sprechen, woher es kommt, dass wir Menschen oft kein Selbstvertrauen haben und uns ablehnen. Dieses Verständnis und die Übungen werden Ihnen beim Aufbau eines positiven Selbstwertgefühls helfen.

Wenn Sie beim Lesen dieses Buches in sich Widerstand verspüren, dann ist das ein gutes und sicheres Zeichen dafür, dass ich Sie wie ein Zahnarzt an einer empfindlichen Stelle getroffen habe. In diesem Fall können Sie sehr viel von diesem Buch profitieren. Wenn Sie dagegen beim Lesen dieses Buches innerlich zustimmend nicken und emotional nicht negativ berührt sind, dann benötigen Sie dieses Buch wahrscheinlich nicht. Dann berührt das Thema dieses Buches in Ihnen keine Problemzone. Schenken Sie es in diesem Fall einem lieben Menschen und geben ihm die Chance, mit sich selbst Freundschaft zu schließen.

Wie Sie am meisten von diesem Buch profitieren

Verwechseln Sie dieses Buch bitte nicht mit einer Urlaubslektüre, die man zum Vergnügen von vorne bis hinten in einem Atemzug liest und dann für immer beiseite legt. Dies ist ein Lehrbuch, ein praktischer Ratgeber, von dem Sie nur dann profitieren, wenn Sie immer wieder in ihm lesen, die Übungen machen und das beherzigen, was ich Ihnen vorschlage. Ich weiß, das klingt nach Arbeit, aber das soll es auch. Alte und eingefahrene Verhaltensweisen zu verändern braucht Zeit. Machen wir uns nichts vor. Es liegt ein ganz schönes Stück Arbeit vor Ihnen, wenn Sie lernen möchten, sich anzunehmen und Ihr Selbstvertrauen zu steigern. Sie können sich jedoch viele Enttäuschungen und Umwege ersparen, wenn Sie meine Empfehlungen, die ich Ihnen nun gebe, beherzigen:

1. Nehmen Sie sich für die nächsten drei Monate täglich mindestens 30 Minuten Zeit, um in diesem Buch zu lesen und zu arbeiten. Höre ich Sie gerade stöhnen? Höre ich Sie gerade sagen, das sei zu viel verlangt? Dann möchte ich Sie etwas fragen: Wieviel Zeit sind Sie sich wert? Dies ist ein erster Test, der Ihnen und mir zeigt, wie ernst es Ihnen ist, mit sich selbst Freundschaft zu schließen. Wenn Sie nicht bereit sind, diese Zeit für sich aufzubringen und in Ihre Zukunft zu investieren, dann schenken Sie dieses Buch einem Freund. Sie haben die Wahl. Entweder Sie investieren etwas Zeit und Energie in Ihre Zukunft oder alles wird beim Alten bleiben. Sie haben die Wahl. Wofür wollen Sie sich also entscheiden? Für oder gegen sich?

2. Wenn Sie sich für sich und Ihre Zukunft entschieden haben, dann gratuliere ich Ihnen zu dieser Entscheidung. Sie

werden es nicht bereuen. Machen Sie dieses Buch zu Ihrem ständigen Begleiter. Es ist mehr ein Freund als ein Buch – ein lebenslanger Freund! Lesen Sie es wieder und wieder. Es genügt nicht, dass Sie die einzelnen Kapitel ein- oder zweimal lesen. Auch wenn Sie glauben, den Inhalt bereits auswendig zu kennen, lesen Sie darin immer wieder nach. Sie werden stets aufs Neue Textstellen entdecken, die Sie zuvor überlesen haben oder die Ihnen nicht so wichtig schienen. Wiederholung ist die beste Straße zum Erfolg. Es genügt nicht, etwas auswendig zu wissen. Es muss Ihnen auch dann einfallen, wenn Sie es benötigen – dann, wenn Ihr Kritiker zuschlägt und Ihnen das Leben schwer macht. Dies wird Ihnen jedoch nur gelingen, wenn es Ihnen wirklich in Fleisch und Blut übergegangen ist.

3. Lesen Sie das Buch zunächst einmal in einer Art Schnelldurchlauf, um sich auf das Thema einzustimmen. Danach lesen Sie es in aller Ruhe. Am Ende fast jedes Kapitels finden Sie Übungen. Diese sollen Ihnen einerseits helfen, das Gelesene zu vertiefen und einzuüben. Andererseits sollen diese Sie Schritt für Schritt zum Ziel führen. Lassen Sie keine der Übungen aus, bitte! Es sind wichtige und notwendige Übungen auf dem Weg zu einem Leben mit mehr Selbstvertrauen. Erst wenn Sie diese gewissenhaft durchgeführt haben, ist der Zeitpunkt gekommen, um zum nächsten Kapitel zu gehen. Versprochen?

4. Nehmen Sie beim Lesen immer einen Bleistift zur Hand. Streichen Sie Gedanken und Textstellen an, die Ihnen wichtig erscheinen. Auf diese Weise vermeiden Sie unnötiges Suchen, wenn Sie etwas noch einmal nachlesen möchten. Andererseits bleibt Ihnen das Gelesene besser haften.

5. Legen Sie ein Arbeitsheft an, in das Sie wichtige Gedanken aus diesem Buch notieren, und in dem Sie die schriftlichen Übungen machen, die ich Ihnen vorschlage. Jawohl, schriftli-

che Übungen. Diese sind unerlässlich. Es genügt nicht, dass Sie sich lediglich in Gedanken mit diesem Thema beschäftigen. Sie werden nur dann vorankommen, wenn Sie wichtige Erkenntnisse und Einsichten schriftlich festhalten. Auf diese Weise können Sie diese immer wieder wiederholen und dadurch festigen.

6. Am Ende jedes Kapitels finden Sie die Überschrift ›Was möchte ich mir von diesem Kapitel merken?‹. Notieren Sie hier bitte, welche Gedanken und Feststellungen für Sie beim Lesen besonders wichtig waren. Ich habe für Sie unter der Überschrift ›Fassen wir zusammen‹ das zusammengefasst, was mir wichtig erschien. Wir müssen darin jedoch nicht übereinstimmen. Wenn Sie mit Ihren persönlichen Worten das für Sie Wichtige notieren, dann werden Sie es besser in Erinnerung behalten. Außerdem ist es für Sie eine Art Überprüfung, wenn Sie sich nach dem Lesen fragen: »Was habe ich behalten und was war für mich wichtig?«. Machen Sie bitte diese »Hausaufgabe«. Auch wenn meine Zusammenfassung nur zwei oder drei Punkte umfasst, so sollte Sie das nicht hindern, sich mehr Punkte zu notieren. Wenn Ihnen nach dem Lesen eines Kapitels nicht wenigstens fünf Punkte einfallen, die für Sie wichtig waren, dann würde ich meinen, dass Sie das Kapitel sehr oberflächlich gelesen haben und nicht das für sich herausgeholt haben, was in ihm steckt. Denken Sie bitte immer daran: Sie können nicht von einem Wissen profitieren, das Sie nicht haben.

Bedenken Sie bitte noch eines: Dieses Buch tut nichts für Sie, aber auch gar nichts. Sie werden sich nicht alleine durch das Lesen in einen anderen Menschen verwandeln. Genauso wenig wie Sie durch das alleinige Lesen eines Kochbuchs satt werden, wird sich alleine durch das Lesen dieses Ratgebers etwas in Ihrem Leben ändern. Sie sind der Kapitän Ihres Lebens.

Wenn Sie Ihrem Schiff eine andere Richtung geben möchten, dann müssen Sie das Ruder Ihres Lebens fest in die Hand nehmen und immer wieder kontrollieren, ob Ihr Schiff noch auf dem richtigen Kurs ist. Sonst wird es wieder abgetrieben und Sie kommen nicht ans Ziel.

Von all meinen Büchern, die ich geschrieben habe, ist dies das Wichtigste. Ich wünsche Ihnen, dass Sie mit seiner Hilfe Ihr Leben bereichern können, indem Sie die Bekanntschaft mit einem liebenswerten und neuen Freund machen – mit sich selbst! Ich wünsche Ihnen die Kraft und Ausdauer, Ihrem Leben eine neue und bessere Zukunft zu geben. Ich wünsche Ihnen so sehr, dass Sie Erfolg haben. Sind Sie bereit? Habe ich Sie gerade »Ja« sagen hören? Dann lassen Sie uns beginnen.

1
Selbstwertgefühl: Was ist das?

Was uns Menschen vom Tier unterscheidet, ist die Fähigkeit, zu denken und zu urteilen. Diese Fähigkeit, auf die wir so stolz sind, kann uns jedoch zum Verhängnis werden, wenn wir geringschätzig von uns denken.

Versager, Niete, Idiot
Du kannst nichts
Das schaffst du nie
Feigling
Tollpatsch
Du baust nur Mist
Du bist zu nichts zu gebrauchen
Du taugst nichts
Du bist so was von blöd
Du machst alles verkehrt
Du bist an allem schuld
Du bist langweilig
Du bist uninteressant
Du bist hässlich
Alles, was du anpackst, geht schief

Führen Sie manchmal auch solche Selbstgespräche? Werfen Sie sich von Zeit zu Zeit auch solche kränkenden und verletzenden Worte an den Kopf? Dann wissen Sie, was es heißt, ein geringes Selbstwertgefühl zu haben. Je mehr und je häufiger Sie schlecht von sich denken, umso geringer ist Ihr Selbstwertgefühl und umso größer sind Ihre Minderwertigkeitsgefühle. Und je geringer Ihr Selbstwertgefühl ist, umso geringer ist auch Ihr Selbstvertrauen. Unser Selbstwertgefühl und unser Selbstvertrauen hängen zu hundert Prozent davon ab, wie wir über uns denken. **Denken** wir schlecht von uns, kritisieren uns und machen uns klein, dann **fühlen** wir uns auch »klein« und minderwertig und haben kein Vertrauen in uns und unsere Fähigkeiten, es fehlt uns an Selbstvertrauen.

Selbstabwertende Gedanken

↓

Minderwertigkeitsgefühle

↓

geringes Selbstvertrauen

Sie müssen sich zwangsläufig minderwertig und wertlos fühlen, wenn Sie denken, Sie seien minderwertig und wertlos. Wenn Sie also Ihr Selbstwertgefühl und Ihr Selbstvertrauen stärken möchten, dann müssen Sie Ihre negativen und selbstabwertenden Gedanken durch selbstbejahende und positive Gedanken ersetzen. Anders ausgedrückt: Sie müssen lernen, sich selbst anzunehmen, ja sich sogar zu mögen und sich selbst ein Freund zu sein.

Viele Menschen sind der Auffassung, dass es hochmütig, unmoralisch, krankhaft, selbstherrlich und im höchsten Maße egoistisch sei, wenn man sich selbst mag, noch dazu, wenn man weit davon entfernt ist, perfekt zu sein. Geht es Ihnen auch so? Entrümpeln wir deshalb erst einmal unseren Kopf von den Vorurteilen und falschen Auffassungen über die Selbstannahme und Selbstliebe und machen ihn so frei für eine neue Sichtweise. Sind Sie bereit, sich von einigen Irrtümern und falschen Annahmen zu befreien? Prima. Dann lassen Sie uns beginnen.

Was es nicht bedeutet, sich selbst anzunehmen und zu mögen

Sich selbst zu mögen heißt nicht, dass wir in den Spiegel schauen und fragen: »Spieglein, Spieglein an der Wand, wer ist der Schönste und Beste im ganzen Land?« Es geht also nicht darum, überheblich, eitel, selbstverliebt oder über alle Maßen von sich eingenommen zu sein. Es geht auch nicht darum, wie einst der Boxer Mohammed Ali herumzulaufen und sich zu rühmen »Ich bin der Größte«. Es geht nicht darum, sich für etwas Besseres zu halten oder auf andere herabzuschauen. Es geht nicht darum, sich selbst unkritisch durch eine rosagefärbte Brille und ohne Fehl und Tadel zu sehen. Und schon gar nicht geht es darum, sich für den Bauchnabel der Welt zu halten und alle anderen als zweit- und drittklassig anzusehen. Alle diese negativen Eigenschaften, die Sie und ich ablehnen und vielleicht auch verurteilen, finden wir nur bei Menschen, die sich im Grunde ihres Herzens nicht mögen. Jawohl, Sie haben richtig gelesen. Selbstsüchtig, ständig nur auf den eigenen Vorteil bedacht, überheblich, hochmütig und ichbezogen sind nur Menschen, die sich ablehnen. Selbstverachtung und Selbstabwertung sind der Nährboden für all diese negativen Eigenschaften. Menschen, die sich akzeptieren und mögen, haben es nicht nötig, sich für etwas Besseres zu halten, und müssen andere auch nicht klein machen.

Wie denken, fühlen und handeln Menschen, die sich selbst annehmen und mögen?

Sich selbst zu mögen bedeutet für mich, sich als Mensch mit all seinen Fehlern und Schwächen, d. h. bedingungslos, anzunehmen und sich selbst gegenüber ein positives und warmherziges Gefühl zu haben. Haben Sie das ›und‹ in diesem Satz bemerkt? Es ist ein wichtiges ›und‹. Es geht nicht nur darum, sich so zu akzeptieren, wie man vielleicht die Tatsache akzeptiert, dass es eine Geschwindigkeitsbegrenzung auf Landstraßen gibt. Sich mögen geht einen großen und wichtigen Schritt weiter. Sich mögen bedeutet für mich, sich akzeptieren **und gleichzeitig** ein gutes und warmes Gefühl gegenüber sich selbst haben. Sich mögen bedeutet, sich selbst gegenüber so zu verhalten, wie man sich einem lieben und teuren Freund gegenüber verhalten würde. Einen Menschen, den man wirklich mag, den akzeptiert man nicht nur. Man hat ihm gegenüber positive Gefühle, man empfindet etwas für ihn. Richtig?

Und wie verhält man sich gegenüber einem Menschen, den man mag und für den man etwas empfindet? Wenn man für einen anderen Menschen etwas empfindet, dann wirft man ihm keine verletzenden und kränkenden Worte an den Kopf. Das heißt nicht, dass man alles, was er sagt oder tut, gutheißt oder richtig findet. Nein, aber wenn man seine Ansichten und Verhaltensweisen nicht teilt bzw. diese für falsch hält, dann überschüttet man ihn nicht mit Vorwürfen und wendet sich nicht von ihm ab. Man spricht mit ihm darüber, versucht, ihn zu verstehen, und akzeptiert ihn und seine Andersartigkeit trotzdem. Man macht sich liebevolle Gedanken über ihn und lässt ihn wissen und spüren, was man für ihn empfindet. Man macht ihm Komplimente, nimmt Rücksicht, hilft ihm, wenn er in Schwierigkeiten ist, macht ihm Mut, wenn er mutlos ist, tröstet ihn, wenn er traurig ist, und steht ihm bei, wenn er in Schwierigkeiten ist. Man kritisiert ihn nie persönlich, sondern höchstens sein Verhalten.

So wie man denkt, fühlt und handelt, wenn man einen anderen Menschen mag, so denkt, fühlt und handelt man, wenn man sich selbst annimmt und mag. D.h. Menschen, die sich akzeptieren, halten sich für liebenswert und wertvoll und haben deshalb auch das Gefühl, liebenswert zu sein. Sie verzeihen sich und anderen ihre und deren Fehler und vergeben sich und anderen. Sie wissen, dass ihr Wert als Mensch nicht von ihrem Handeln abhängt. Sie sind und bleiben ein wertvoller und liebenswerter Mensch, welche Fehler sie auch immer haben mögen und machen. Sie akzeptieren sich, auch wenn andere sie ablehnen und kritisieren. Sie freuen sich über Lob und Komplimente. Sie wehren sich, wenn andere sie schlecht behandeln. Sie behandeln andere so, wie sie selbst behandelt werden möchten.

Ich finde mich gut.
Ich bin sehr mit mir selbst zufrieden.
Ich kann nicht klagen - will es auch nicht.

Ohne Selbstliebe gibt es keine Nächstenliebe

Sie kennen sicherlich den Satz: ›Liebe deinen Nächsten wie dich selbst. Was ist damit gemeint? Damit kann nicht gemeint sein, dass Sie Ihren Nächsten ebenso geringschätzig und abfällig behandeln sollen, wie Sie sich selbst oft behandeln. Ich verstehe diesen Satz so, dass die Selbstliebe vorausgesetzt wird. Es wird als selbstverständlich vorausgesetzt, dass man sich selbst liebt, und die Aufforderung ist, seinem Nächsten dieselbe Liebe entgegenzubringen, die man sich selbst entgegenbringt. Stimmen Sie mir zu?

Die Kirche setzt die Selbstliebe also voraus. Sie verurteilt sie nicht und lehnt sie nicht ab, wie viele Menschen meinen. Warum also, so frage ich mich, bekommen wir von allen Seiten eingetrichtert, dass es schlecht und verwerflich ist, sich selbst zu mögen? Weshalb werden wir zur Selbstverleugnung und Selbstaufgabe erzogen? Den Grund hierfür sehe ich in einer falschen Denkhaltung. Viele Menschen glauben, dass man sich selbst nicht mögen dürfe, da man dann für andere keine Liebe übrig habe. Sich selbst zu mögen, glauben diese Menschen, mache einen blind für andere Menschen und verhindere so die Hinwendung zum anderen. Ich weiß nicht, wer diesen Unsinn in die Welt gesetzt hat. Ich glaube, ja, ich weiß, dass es gerade umgekehrt ist. Wenn wir uns selbst nicht mögen, dann sind wir auch nicht in der Lage, unsere Mitmenschen zu lieben. Die Fähigkeit, andere zu lieben, wird nämlich erst durch die Liebe zu sich selbst ermöglicht.

Warum ist das so? Wenn wir für uns selbst nichts übrig haben, wenn wir uns selbst ablehnen, dann fühlen wir uns unausgefüllt und leer. Wir sind dann auf der Suche nach einem Sinn in unserem Leben. Wir (miss)brauchen dann andere, damit diese uns das Gefühl geben, liebenswert, wertvoll und wichtig zu sein. Der andere, meist der Partner, wird zum Suchtmittel, das wir ebenso benötigen wie ein Drogenabhängiger seine Droge. Eine Patientin von mir sagte einmal: »Ohne ihn (ihren Partner) bin ich nichts«. Wenn wir uns nicht selbst mögen, dann brauchen wir einen anderen, der uns sagt, dass wir liebenswert sind. Wir brauchen den anderen dann als Spiegel, der sagt: »Du bist der Schönste, Beste und Liebste im ganzen Land«.

Natürlich ist dieses unersättliche Verlangen nach Bestätigung und Wertschätzung durch andere oft auch das Motiv für die Partnerwahl. Wenn wir uns selbst nicht mögen, dann sind wir im Grunde genommen an dem anderen und seiner Einzigartigkeit überhaupt nicht interessiert. Wir interessieren uns dann nur dafür, was dieser uns geben kann, nämlich Wertschätzung und das Gefühl, liebenswert zu sein. Wir lieben den anderen also nicht um seiner selbst willen, sondern nur um seiner Liebe und Wertschätzung willen. Wir glauben irrtümlicherweise, dass die Liebe eines anderen ein Beweis dafür sei, dass wir liebenswert sind. Dies ist jedoch ein fataler Irrtum. Verlieren wir die Wertschätzung des anderen, was ist dann unweigerlich die Folge? Wir fühlen uns minderwertig und wertlos. Wir fühlen uns nur so lange wertvoll, wie ein anderer uns das Gefühl gibt, dass wir es sind. Trennt sich der andere von uns, dann denken wir, mit ihm würde auch unser Wert gehen und wir stünden völlig nackt da.

Wenn wir unseren Wert von anderen Menschen abhängig machen, dann sind wir von diesen und deren Wertschätzung in hohem Maße abhängig. Dies hat für die Beziehung zu unseren Mitmenschen verheerende Folgen. Wenn ich fest davon überzeugt bin, dass ich nur wer bin, weil mich ein anderer liebt, dann »muss« ich natürlich auch alles tun, um nicht die Gunst des anderen zu verlieren. Ich muss mich selbst aufgeben, meine Bedürfnisse zurückstellen, zu allem Ja und Amen sagen, tun, was der andere verlangt. Kurzum, ich mache mich zum Sklaven des anderen.

Die Sucht, gebraucht zu werden, ist nichts anderes als Ausdruck eines geringen Selbstwertgefühls. Wenn man überzeugt ist, nicht ohne die Wertschätzung und Liebe der anderen leben zu können, dann hat man große Angst, dass sich diese von einem abwenden. Diese Angst führt dann zwangsläufig zu Selbstaufopferung, Selbstaufgabe und zu einer starken Abhängigkeit von anderen.

Wir können unseren Partner und unsere Mitmenschen nicht wirklich lieben, d. h. ohne an unsere Liebe Bedingungen zu stellen, wenn wir uns minderwertig fühlen. Wenn wir uns selbst ablehnen, dann sind wir nicht beziehungsfähig, dann können wir nicht selbstlos sein, da wir stets nur unseren Vorteil im Auge haben. Das ist die Ironie einer mangelnden Selbstliebe. Wenn wir uns selbst nicht mögen und dadurch unausgefüllt sind, dann sind wir sehr selbstbezogen und egoistisch. Wir sind dann stets um unser Ansehen besorgt und unser ganzes Leben wird zu einer unermüdlichen Suche nach Anerkennung und Wertschätzung. Bei allem, was wir tun, sind wir dann nur darauf bedacht, dass wir gut abschneiden und gut ankommen. Wir sind dann stets mit uns beschäftigt, versuchen für andere interessant zu sein, und das verhindert die wahre Hinwendung zum anderen. Beobachten Sie einmal Menschen in einer Bar oder bei einem geselligen Zusammensein. Sie werden feststellen, dass fast jeder versucht, sich durch seine Kleidung, seine Worte und sein Verhalten in ein gutes Licht zu rücken. Jeder ist damit beschäftigt, wie er auf die anderen wirkt, und jeder versucht, sich so interessant wie nur möglich zu machen, um damit die Aufmerksamkeit der anderen auf sich zu lenken. Was ist aber die Folge davon? Da jeder nur mit sich selbst beschäftigt ist und damit, wie er sich am besten darstellen kann, hat keiner Augen und Ohren für den anderen. Jeder ist auf sich konzentriert, und das verhindert die Hinwendung zum anderen.

Wenn wir uns dagegen selbst mögen, wenn wir andere Menschen und deren Liebe nicht dafür missbrauchen müssen, um das Gefühl zu haben, wer zu sein, dann und nur dann können wir selbstlos sein. Dann fühlen wir uns nämlich vollwertig und vollständig. Dann verspüren wir in uns nicht das krankmachende Verlangen nach Liebe und Anerkennung durch andere. Dann können wir uns dem anderen zuwenden, ohne ständig darauf achten zu müssen, dass wir unseren Vorteil nicht aus den Augen verlieren. Dann können wir andere Menschen wirklich lieben.

Wer sich nicht für liebenswert hält, kann auch andere nicht lieben

Die Fähigkeit, andere zu lieben, wird erst durch die Liebe zu sich selbst ermöglicht. Wir müssen erst in dem Sinne ›egoistisch‹ sein, dass wir uns selbst mögen, ehe wir selbstlos sein können, d. h. andere lieben können. Ein Mensch, der mit sich und seinem Leben unzufrieden ist, ist auf der Suche nach Erfüllung. Das ist völlig normal und verständlich. Wenn er diese Erfüllung jedoch bei anderen Menschen oder in Äußerlichkeiten wie Geld, Prestige oder Leistung sucht, dann wird er nie sein

Ziel erreichen. Einen Mangel an Selbstliebe kann man nämlich nicht durch die Liebe und Anerkennung anderer oder durch Geld ausgleichen.

Wir können keinen Frieden in der Welt haben und friedfertig mit unseren Mitmenschen umgehen, wenn wir nicht mit uns selbst Frieden schließen, d. h. uns selbst annehmen. Wir können nur geben, was wir besitzen. Wenn ich kein Geld habe, dann kann ich es nicht mit anderen teilen. Wenn ich keine Liebe für mich übrig habe, dann kann ich anderen keine geben und diese daran teilhaben lassen. Wenn ich mir gegenüber nicht tolerant sein und mir meine Fehler verzeihen kann, dann fällt es mir auch anderen gegenüber schwer, tolerant zu sein und deren Fehler zu verzeihen. Alles aber, was ich besitze, kann ich auch mit anderen teilen. Deshalb ist es so wichtig, dass wir uns selbst mögen. Nicht nur um unserer selbst und unseres Wohlbefindens willen, nein, auch um unserer Mitmenschen willen. Ohne Selbstliebe kann es keine wahre Nächstenliebe und damit keinen Frieden zwischen den Menschen geben. Wenn es Ihnen wirklich ernst damit ist, selbstlos sein zu wollen, und Ihnen etwas am Frieden auf dieser Welt liegt, dann lieben Sie sich selbst zuerst. Das ist das größte Geschenk, das Sie Ihren Mitmenschen und sich selbst machen können. Sind Sie bereit, sich und der Welt dieses großartige Geschenk zu machen?

Zusammenfassung

1. Unser Selbstwertgefühl und unser Selbstvertrauen hängen zu hundert Prozent davon ab, wie wir über uns selbst denken. Wenn wir uns minderwertig fühlen, dann deshalb, weil wir denken, wir seien minderwertig.
2. Sie können Ihr Selbstwertgefühl und Ihr Selbstvertrauen steigern, wenn Sie lernen, sich selbst anzunehmen und sich selbst ein Freund zu sein.
3. Ohne Selbstliebe gibt es keine Nächstenliebe.

Nun sind Sie an der Reihe. Schreiben Sie auf, was Ihnen aus diesem Kapitel wichtig und erinnernswert erscheint.

Was möchte ich mir von diesem Kapitel merken?

1. ....
2. ....
3. ....
4. ....
5. ....

Liebe dich selbst,
dann fühlst du dich liebenswert
und wirst geliebt.

2

Wie steht es um Ihr Selbstwertgefühl?

Damit Sie wissen, wieviel Zeit und Energie Sie darauf verwenden müssen, Ihr Selbstwertgefühl zu steigern, habe ich für Sie einen kurzen Test zusammengestellt. Seien Sie beim Ausfüllen ehrlich zu sich. Lesen Sie jede Feststellung durch und entscheiden dann, inwieweit diese auf Sie zutrifft. Notieren Sie hinter jeder Feststellung die Zahl, die dem Ausmaß Ihrer Zustimmung entspricht. Beantworten Sie jede Feststellung. Antworten Sie so spontan wie möglich, ohne lange zu überlegen.

stimmt nicht **(0)** stimmt teilweise **(1)**
stimmt weitgehendst **(2)** stimmt vollkommen **(3)**

1. Ich vergleiche mich oft mit anderen.
2. Andere können meine Gefühle leicht verletzen.
3. Die Anerkennung der anderen ist mir sehr wichtig.
4. Ich fühle mich oft von anderen angegriffen.
5. Aus Angst vor einem Misserfolg tue ich lieber nichts.
6. Ich muss immer alles 110%ig machen.
7. Was andere von mir denken, ist sehr wichtig für mich.
8. Ich habe Angst, mein wahres Ich zu zeigen.
9. Ich will es anderen immer recht machen.
10. Ich kann anderen nur schwer etwas abschlagen.
11. Ich beneide andere oft um ihren Erfolg.

12. Ich komme mir oft ungeliebt vor.
13. Ich muss mir und anderen stets etwas beweisen.
14. Ich mache mir wegen Fehler oft Selbstvorwürfe.
15. Ich kann Komplimente nur schwer annehmen.
16. Ich habe oft das Gefühl, versagt zu haben.
17. Ich habe oft Schuldgefühle.
18. Ich fühle mich häufig hilflos.
19. Ich mache mir häufig Sorgen um mein Ansehen.
20. Ich hasse es, schwach zu sein.
21. Sich eine Blöße zu geben ist schlimm.
22. Ich verdiene es, dass es mir schlecht geht.
23. Wenn andere von mir sprechen, dann denke ich sofort, dass sie schlecht von mir sprechen.
24. Ich schaue nicht gerne in den Spiegel.
25. Ich versuche meine Fehler und Schwächen vor anderen zu verbergen.
26. Wenn ich mich mit anderen vergleiche, dann schneide ich immer schlecht ab.
27. Ich ärgere mich häufig über mich.
28. Ich kann mir meine Fehler und Schwächen nur schwer verzeihen.
29. Ich zweifle häufig an mir und meinen Fähigkeiten.
30. Ich mache mir häufig Sorgen um mein Äußeres.

So werten Sie den Test aus

Zählen Sie die Punkte zusammen, die Sie hinter jeder Feststellung notiert haben.

0 bis 10 Punkte

Herzlichen Glückwunsch zu Ihrem guten Ergebnis. Sie haben ein gesundes Selbstwertgefühl und Selbstvertrauen. Schauen Sie, ob Sie in diesem Buch noch die eine oder andere Anregung finden können. Schenken Sie es dann einem lieben Menschen, damit er so weit kommt wie Sie.

11 bis 30 Punkte

In manchen Bereichen Ihres Lebens können Sie sich nicht voll entfalten, da Ihr mangelndes Selbstwertgefühl Sie daran hindert. Sie können von den Übungen in diesem Buch sehr viel profitieren.

31 bis 60 Punkte

Kein Grund zu verzweifeln, auch wenn Sie noch eine gehörige Portion Selbstachtung vertragen können. Arbeiten Sie an sich, und Sie werden sehen, dass auch Sie mehr aus Ihrem Leben machen können. Rechnen Sie damit, über mehrere Wochen oder gar Monate intensiv an sich arbeiten zu müssen, bis Sie Fortschritte machen.

61 bis 90 Punkte

Ihr Selbstwertgefühl ist ziemlich im Keller. Auch wenn Ihr Leben überwiegend schlecht verläuft und Sie sehr unglücklich sind, so sind Sie dennoch kein hoffnungsloser Fall. Sie müssen jedoch sehr hart an sich arbeiten und sehr viel Zeit investieren, wenn Sie Ihr Selbstwertgefühl steigern wollen. Vielleicht gelingt Ihnen das besser, wenn Sie einen Psychotherapeuten zurate ziehen. Wenn Sie also alleine nicht weiterkommen, haben Sie den Mut, sich einem Fachmann anzuvertrauen.

Was man gelernt hat, kann man auch wieder verlernen

Es spielt keine Rolle, wie alt Sie sind und wie gering Ihr Selbstwertgefühl ist. Wenn Sie sich darum bemühen, dann können Sie es steigern. Sie sind nicht mit einem geringen Selbstwertgefühl auf die Welt gekommen. Sie haben lediglich gelernt, von sich so schlecht zu denken. Und da Sie gelernt haben, schlecht von sich zu denken, können Sie diese Angewohnheit auch wieder ablegen. Schlecht von sich zu denken ist genauso eine Angewohnheit wie das Autofahren oder Schreibmaschine-Schreiben. Es ist eine Denkgewohnheit, die Sie wie jede andere Gewohnheit auch wieder ablegen können.

Bedenken Sie nur einmal, was Sie alles in der Schule gelernt haben. Wenn es Ihnen wie mir geht, dann haben Sie das meiste davon wieder vergessen. Und warum haben Sie und ich all das so mühsam Erlernte wieder vergessen? Weil wir es nicht ständig geübt haben. Wir Menschen vergessen alles, was wir nicht ständig trainieren. So können Sie auch das Schlechte und Negative »vergessen«, das man Ihnen über Ihre Person beigebracht hat, und das Sie heute noch im Handgepäck mit sich herumtragen. Natürlich geht das nicht so einfach, wie es klingt. Da Sie schon Jahre, ja, vielleicht schon Jahrzehnte dieses negative Bild mit sich herumtragen und fast kein Tag vergeht, ohne dass Sie zu sich etwas Negatives sagen, müssen Sie sehr wachsam sein und viel Energie einsetzen, um diese negative Angewohnheit abzulegen. Ich weiß von meinen Patienten, dass dies möglich ist. Manchmal hat man sich jedoch so in eine Sache verrannt, dass man einen Freund braucht, der einen bei der Hand nimmt und ein Stück des Weges begleitet. Da ich weiß, dass man manchmal erst einen Anstoß von außen braucht, hilft es Ihnen vielleicht, wenn Sie sich an einen erfahrenen Therapeuten wenden. Lassen Sie sich von kompetenter Seite helfen, wenn Sie das Gefühl haben, es nicht alleine zu schaffen. Es ist keine Schande, sich einzugestehen, dass Sie alleine nicht weiterkommen. Versprochen? Wenn Sie nach einem Therapeuten suchen, der nach der Methode dieses Buches arbeitet, dann ist der Verlag Ihnen hierbei gerne behilflich. Gegen Einsendung eines frankierten und mit Ihrer Anschrift versehenen Briefumschlags erhalten Sie die Anschriften kassenzugelassener Psychologen. Die Anschrift des Verlages finden Sie am Ende des Buches.

Jeder kann jederzeit etwas aus dem machen, was aus ihm gemacht wurde.

Es vergisst sich, wenn man es nicht ständig tut

3
Die Folgen eines geringen Selbstwertgefühls

Wenn unser Selbstwertgefühl gering ist, dann fehlt uns die wichtigste Voraussetzung für ein erfülltes und glückliches Leben. Ohne ein positives Selbstwertgefühl ist Ihr Leben angefüllt mit Ängsten, gleichgültig wie positiv alles um Sie herum ist. Sie werden immer das dumpfe Gefühl haben, mit Ihnen stimme etwas nicht und Sie seien anderen unterlegen. Ein mangelndes Selbstwertgefühl legt sich wie eine Art Grauschleier über das ganze Leben: auf Ihre Persönlichkeit, Ihr seelisches und körperliches Befinden und Ihre Beziehungen. Maria, eine 33-jährige Klientin, beschrieb das so: »Mein geringes Selbstwertgefühl macht mir das ganze Leben schwer. Ich habe schon immer Probleme, Beziehungen aufzubauen. Bei der Arbeit traue ich mir nie etwas zu. Ich glaube ständig, andere können alles besser und sind auch etwas Besseres als ich. Ich fühle mich deshalb in der Gegenwart anderer meist klein und hilflos. Neue Situationen machen mir Angst und aus Angst, etwas falsch zu machen, tue ich lieber gar nichts. Entscheidungen zu treffen fällt mir sehr schwer, und ich beschäftige mich ständig damit, was andere wohl von mir denken könnten. In letzter Zeit bin ich nur noch unzufrieden, nervös und gereizt und habe immer das Gefühl, etwas zu suchen, weiß aber nicht was.«

In tausenden von Gesprächen mit meinen Patienten habe ich die Erfahrung gemacht, dass sehr viele persönliche, zwischenmenschliche und berufliche Probleme, so verschieden sie auch sein mögen, immer nur eine Ursache haben: mangelnde Selbstannahme bis hin zu Selbsthass und damit mangelndem Selbstvertrauen. Schauen wir uns etwas genauer an, wie und in welchen Bereichen sich ein geringes Selbstwertgefühl auswirkt.

Probleme im persönlichen Bereich

Im Privatleben und in der Beziehung zum Partner sind Minderwertigkeitsgefühle sehr häufig die Ursache von Konflikten und Auseinandersetzungen. Abgesehen von Schüchternheit und Unsicherheiten, die auf ein geringes Selbstwertgefühl zurückzuführen sind, gibt es zahlreiche weitere Probleme.

So geht **Hans-Jürgen** sehr schnell an die Decke, wenn er das Gefühl hat, seine Frau halte ihn für dumm, – und dies kommt sehr häufig vor. Erinnert ihn seine Frau z.B. daran, dass er noch etwas erledigen muss oder dass sie beide mit Freunden verabredet sind, platzt ihm der Kragen. Er macht seiner Frau dann heftige Vorwürfe, sie behandle ihn wie ein kleines Baby und überhaupt, wenn sie ihn lieben würde, dann würde sie ihm mehr zutrauen. Die Folgen solcher Auseinandersetzungen sind tagelanges eisiges Schweigen und Sich-aus-dem-Weg-Gehen.

Hans will immer »cool« sein. Nur dann, so glaubt er, sei er für Frauen attraktiv. Er vergleicht sich ständig mit anderen, aber nur mit solchen, die ihm in einer Sache überlegen sind oder ihm etwas voraushaben. Auf diese Weise schneidet er bei seinen Vergleichen immer als Verlierer ab und ist dann deprimiert. Er »kotzt« sich manchmal selbst an, wie er sagt. Er hat große Angst vor dem Alleinsein, da er denkt, er sei überflüssig.

Harald ist furchtbar abhängig von der Meinung seiner Mitmenschen. Wenn ihn ein Arbeitskollege kritisiert, nimmt er sich dessen Urteil sehr zu Herzen. Er fühlt sich dann persönlich angegriffen und ärgert sich maßlos über sich selbst, dass er so ein »Trottel« ist, den die Worte des anderen nicht kalt lassen, und der es nicht schafft, über der Kritik zu stehen. Warum nimmt er sich die Worte anderer so zu Herzen und ist so abhängig vom Urteil der anderen? Weil er selbst von sich und seiner Arbeit geringschätzig denkt. Er glaubt selbst, keine gute Arbeit zu leisten, und ist von sich und seinen Fähigkeiten nicht überzeugt. Deshalb lebt er ständig in der Angst, andere könnten über ihn genauso denken und ihn ebenso ablehnen, wie er sich selbst ablehnt.

Anton »rastet schnell aus«, wenn seine Frau ihm widerspricht. Er bekommt einen Tobsuchtsanfall und verprügelt seine Frau, vor allem wenn er getrunken hat. In der Therapie weint er sehr häufig. Er will seine Frau nicht so mies behandeln, aber manchmal »gehe es mit ihm eben durch«. Wenn seine Frau ihm widerspreche, habe er das Gefühl, sie nehme ihn nicht für »voll«, und dann wisse er sich nicht anders zu helfen, als zu schreien und zu schlagen.

Cornelia fühlt sich sehr häufig einsam und ist deprimiert. Wenn sie eingeladen wird, dann glaubt sie, sie werde nur deshalb eingeladen, da der andere gerade nichts Besseres vorhabe. Sie kommt sich als Lückenbüßer vor. An ihr sei schließlich nichts Besonderes, weswegen man sie einladen sollte. Sie habe nichts zu bieten. Wenn sie jemand um ihre Meinung fragt, dann denkt sie, der andere tue nur so interessiert, um ihr zu schmeicheln.

Hubert ist extrem eifersüchtig. Wenn er mit seiner Frau ausgeht, dann leidet er Todesqualen. Er beobachtet seine Frau mit Adleraugen und lässt sie keine Sekunde aus den Augen. Wenn sie einem anderen ein Kompliment macht oder diesem besonders lange Aufmerksamkeit schenkt, dann denkt sich Hubert sofort, dass seiner Frau nichts mehr an ihm liege, und in seiner Phantasie sieht er seine Frau, wie sie ihn verlässt oder ihn mit dem anderen betrügt.

Thomas muss sich und seine Fähigkeiten immer unter Beweis stellen. Trotzdem wird er das Gefühl nicht los, ein Versager zu sein. Wenn er unter Menschen ist, dann denkt er sich: »Dir sieht jeder an, dass du nichts kannst«. Wird er für einen Freundschaftsdienst gelobt – er ist handwerklich sehr begabt –, dann denkt er, der andere sei nur deshalb so freundlich, damit er bei nächster Gelegenheit wieder aushelfe.

Sabine ist furchtbar sauer auf sich, wenn sie sich bei einem Fehler ertappt. Sie verurteilt sich und verlangt von sich, alles noch besser machen zu müssen. Sie ist meist sehr ungeduldig und will immer alles auf einmal erledigen. Geht ihr etwas nicht schnell genug von der Hand, dann hält sie sich für unfähig und dumm.

Martina ist von sich enttäuscht, da sie »nur« einen Hauptschulabschluss hat. Wenn sie in den Nachrichten ein Wort hört, das sie nicht versteht, dann denkt sie sofort, sie sei blöd, und hält sich für eine »dumme Tussi«. Wenn ein Mann ihr sagt, dass sie attraktiv ist, dann würde sie sich am liebsten verkriechen. Sie meint, dass sie es nicht verdiene, dass es ihr gut geht. Sie habe zu wenig zu bieten, um von sich gut denken zu können. Wenn sich jemand wie sie gut fühlen würde, dann sei der überheblich.

Tina könnte sich manchmal selbst eine runterhauen. Wenn

sie vergisst, die Kaffeemaschine auszumachen, dann ärgert sie sich maßlos über sich und denkt: »Nie kannst du etwas richtig machen, du blöde Kuh«. Wenn andere sie auf einen Fehler aufmerksam machen, dann reagiert sie sehr aufgebracht und sagt sich: »Er sagt das nur, um mich zu demütigen. Er will mich als dumme Gans hinstellen«. Die Folge davon ist, dass sie mit dem Betreffenden nichts mehr zu tun haben will und sich absondert.

Christian ist ständig mit sich unzufrieden. Kein noch so großer Erfolg kann ihn auf Dauer zufrieden stellen. Kaum hat er einen beruflichen Gipfel erklommen, hält er rastlos nach dem nächsten Ausschau. Bei seinen Arbeitskollegen ist er nicht besonders beliebt. Sie halten ihn für einen Schleimer. Er fühlt sich innerlich ständig getrieben und gehetzt. Er hat einen hohen Blutdruck und einen nervösen Magen.

Connie fühlt sich immer ungeliebt und unverstanden. Sie ist sehr attraktiv und bekommt viele Einladungen. Gleichgültig aber, wie nett andere zu ihr sind und wie sehr diese ihr sagen, dass sie sie sehr gerne haben, Connie fühlt sich immer »verarscht«, denn sie glaubt, genau zu wissen, dass sie »unmöglich« und absolut wertlos ist.

Florian hat Angst, von anderen als langweilig und verkrampft angesehen zu werden oder etwas Dummes zu sagen. Bei anderen spielt er deshalb immer den Unterhalter. Er setzt sich unter einen gewaltigen Stress, weil er denkt, er müsse den anderen immer etwas bieten, um bei denen beliebt zu sein.

Warum leiden viele Menschen unter Zwängen wie etwa dem Kontrollzwang? Auch diese Krankheit ist oft auf ein geringes Selbstwertgefühl zurückzuführen. **Lieselotte** hatte den Zwang, jede ihrer Handlungsweisen im voraus mehrmals daraufhin zu überprüfen, ob sie richtig ist. Bei der Arbeit überlegte sie sich fortwährend, ob sie alles richtig machte, nichts vergessen oder übersehen hatte. Warum tat sie das? Als kleines Mädchen war sie häufig dafür bestraft worden, wenn sie etwas falsch machte. Ihre Eltern ließen ihr nichts durchgehen, beschimpften sie als dumm und unfähig und bestraften sie körperlich. In dieser Zeit lernte sie, dass es schlimme Folgen hat, wenn man im Leben einen Fehler macht. Sie begann, an sich und ihren Fähigkeiten zu zweifeln, und aus Angst vor den schlimmen Folgen gewöhnte sie sich an, im voraus alles, was sie tat, daraufhin zu überprüfen, ob es auch richtig war. Sie glaubte, ihr zwanghaftes Kontrollieren könnte verhindern, dass sie einen Fehler machte, für den sie bestraft werden könnte.

Sabrina findet sich bzw. ihren Körper total hässlich und unattraktiv. Wenn sie in den Spiegel schaut, findet sie sich zum Kotzen. Sie macht eine Diät nach der anderen und besucht wegen ihrer vermeintlichen Problemzonen regelmäßig ein Fitnessstudio. In ihren Augen bleibt sie jedoch ein hässliches Entlein. Also versteckt sie sich und ihren Körper hinter weiten Kleidern und geht als graue Maus durchs Leben, damit niemand auf sie aufmerksam wird.

Probleme im zwischenmenschlichen Bereich

Minderwertigkeitsgefühle und Selbstzweifel sind die häufigsten Ursachen für Probleme im zwischenmenschlichen Bereich. Wenn man gering von sich denkt, ist man im Grunde nicht beziehungsfähig.

So sagen die Arbeitskollegen und Freunde von **Sybille,** sie verstehe überhaupt keinen Spaß und sei empfindlich wie eine

Mimose. Was andere auch immer in ihrer Gegenwart sagen, bezieht sie sofort auf sich und fühlt sich verletzt oder auf den Arm genommen. Dann reagiert sie entweder sehr aggressiv oder ist deprimiert. Sie wünscht sich sehnlichst einen Partner, hat jedoch »wahnsinnige Angst«, zurückgewiesen zu werden. Deshalb hält sie alle Männer auf Distanz und geht keine Bindung ein, obwohl es ihr an Angeboten nicht mangelt. Sie hält sich selbst nicht für liebenswert und denkt deshalb, die Männer wollten sie lediglich benutzen.

Karin kann sich nicht an einen Mann binden. Sie geht mit fast jedem Mann ins Bett. Sie sammelt Männer wie andere Briefmarken. Nicht, dass sie am Sex besonders viel Spaß hätte, nein, sie sucht lediglich immer wieder die Bestätigung, dass sie noch attraktiv ist. Sie hat große Angst vor dem Tag, an dem es ihr nicht mehr gelingt, Männer für sich zu interessieren. Dann, so denkt sie, wäre sie als Frau nicht mehr anziehend und damit minderwertig.

Toni kann sich oft nicht durchsetzen. So traut sie sich nicht, im Restaurant zu reklamieren; wenn sie einkaufen geht, bringt sie es nicht fertig, ohne etwas zu kaufen, das Geschäft wieder zu verlassen, sie getraut sich nicht, sich alleine in ein Straßencafe zu setzen, usw.

Annette ist 25 Jahre alt. Sie hat schon 11 Stellen als Sekretärin gehabt. Sie hat keinen Partner, fühlt sich sehr einsam und ist »todunglücklich«. Wenn sie sich zu einem Mann hingezogen fühlt, hat sie große Angst, diesem ihre Sympathie zu zeigen. Will sich ein Mann mit ihr verabreden, dann zieht sie sich sofort in ihr Schneckenhaus zurück und flüchtet sich in Ausreden, warum sie sich nicht mit ihm treffen und keine Beziehung mit ihm eingehen könne. Sie reagiert so, da sie Angst hat, der andere könnte ihr wahres, sprich »minderwertiges«

Ich entdecken, wenn sie nur lange genug zusammen wären. Diese Angst rührt von ihrem Vater her, der zu ihr früher oft sagte: »Kein Mann wird es lange bei dir aushalten. Wenn der erst einmal merkt, dass mit dir nichts los ist, dann bist du ihn schnell los«. Um sich diese Enttäuschung zu ersparen, geht sie erst gar keine Verbindung ein. Die Worte anderer legt sie meist auf eine Goldwaage. Ständig hat sie das Gefühl, andere würden sie aufziehen und sie lächerlich machen. Auf die vermeintlichen Angriffe der anderen reagiert sie mit spitzen Bemerkungen oder sie wendet sich schroff ab. Dieses Verhalten führt dazu, dass die anderen sie für zickig halten und ihr vorwerfen, sie verstehe keinen Spaß.

Corinna hat panische Angst, sich in der Gesellschaft anderer daneben zu benehmen, ein falsches Wort zu sagen oder sich ungeschickt zu verhalten. Wenn sie jemanden sieht, den sie für hübscher hält, dann ist sie »todunglücklich« und kommt sich wie ein »hässliches Entlein« vor. Sie hat Angst, in hell erleuchtete Räume zu gehen, da sie befürchtet, die anderen könnten dann bei ihr einen Makel entdecken. Sie findet es furchtbar »blöd« und »doof«, unsicher zu sein oder zu erröten. Nur wenn sie geschminkt ist und sich so kleidet, wie sie es gut findet, dann fühlt sie sich etwas sicherer. Infolgedessen legt sie sehr viel Wert auf Kleidung und achtet peinlich darauf, dass kein Fältchen in ihrer Kleidung ist. Ist sie mit anderen zusammen, kommt sie sich wie auf dem Prüfstand vor und ist deshalb sehr angespannt und verkrampft. Wenn sie bemerkt, dass andere von ihr sprechen, dann denkt sie sofort, diese reden schlecht von ihr.

Arnold muss immer im Mittelpunkt stehen. Dazu ist ihm jedes Mittel recht. Er kauft sich teure Autos und Kleider, die er sich eigentlich gar nicht leisten kann, er gibt oft »einen aus«

und hat teure Hobbys. Er »braucht« die bewundernden und neidischen Blicke und die anerkennenden Worte seiner Kollegen und Freunde. Ohne seine Designer-Jeans, seine ausgefallenen Urlaube und seine modische Einrichtung käme er sich ganz klein und unbedeutend vor.

Thomas hat Potenzprobleme. Entweder wird sein Penis nicht steif, wenn er mit seiner Freundin schlafen will, oder er ist so erregt, dass er schon nach ganz kurzer Zeit »kommt«. Seine sexuellen Probleme rühren daher, dass er Angst hat, zu versagen bzw. von seiner Freundin als schlechter Liebhaber abgestempelt zu werden. Auch fühlt er sich seiner Freundin gegenüber unterlegen und hat Angst, sie zu verlieren. Er getraut sich nicht, »nein« zu ihr zu sagen, d. h. ihr etwas abzuschlagen.

Gudrun versucht um jeden Preis, Aufsehen zu erregen. Sie kleidet sich besonders auffällig – sie bezeichnet sich selbst als Punk – und will durch ihr Äußeres andere provozieren und damit beweisen, dass sie sich nicht anpassen will. Im Gespräch mit mir gibt sie zu, dass sie sich »normal gekleidet« im Grunde genommen sehr unsicher fühlt und sich so »gewöhnlich« vorkommt.

Rolf ist in Gegenwart anderer sehr gehemmt. Er weiß nicht so recht, wie er sich verhalten und was er sagen soll. Er kommt sich in Gesellschaft anderer immer so isoliert und überflüssig vor. Bei Gesprächen ist er sehr angespannt und verkrampft, da er Angst hat, es könnte eine Gesprächspause eintreten. Das wäre ihm ziemlich peinlich. Also hört er kaum hin, was der andere erzählt, sondern überlegt ständig krampfhaft, was er als Nächstes sagen könnte, um das Gespräch am Laufen zu halten. Er fühlt sich dafür verantwortlich, dass er und sein Gesprächspartner ständig etwas zu bereden haben.

Holger wirkt auf andere sehr arrogant. Er »zieht« ständig über andere her, weist diese auf ihre Fehler hin und versucht, die anderen »klein« zu machen. Bei seinen Kollegen ist er als rechthaberischer Mensch verschrien.

Probleme im beruflichen Bereich

Im Berufsleben kann man in viele Situationen geraten, in denen es von großem Nachteil ist, wenn man an sich zweifelt und deshalb kein Selbstvertrauen hat. Warum scheitern beispielsweise so viele Menschen im Beruf? Warum erreichen so viele Menschen nicht die Positionen, die ihren Fähigkeiten entsprechen? Liegt es an mangelnden Fähigkeiten? Lassen die anderen sie nicht hochkommen? Nein. Häufig fehlt es diesen Menschen an Selbstvertrauen. Sie trauen sich selbst nichts zu, weil sie sich selbst – ungeachtet ihrer Fähigkeiten – für unfähig und dumm halten.

Detlef z. B. ist Sachbearbeiter in einer Versicherung. Er sollte schon mehrmals zum Abteilungsleiter befördert werden. Jedes Mal jedoch hatte er sich davor gedrückt. Er begründete seine Entscheidung damit, dass er lieber nicht so viel Verantwortung haben wolle und überhaupt sei er mit seiner Arbeit ganz zufrieden. Mir erzählte er jedoch, dass er im Grunde nur Angst habe, er könne den Aufgaben, die an ihn als Abteilungsleiter gestellt würden, nicht gerecht werden und er versagen würde. Also mache er lieber das, was er kenne, und verzichte auf die Beförderung. Sein Vorgesetzter wertet seinen Wunsch, nicht befördert zu werden, als sehr negativ, und nun hat Detlef Angst, dass er Schwierigkeiten bekommen oder entlassen werden könnte.

Auf den ersten Blick haben **Stefans** Minderwertigkeitsgefühle auch etwas Gutes. Er ist beruflich sehr erfolgreich und hat es mit seinen 36 Jahren schon sehr weit gebracht. Seine Minderwertigkeitsgefühle stacheln seinen Ehrgeiz an und sie sind die Triebfeder für Spitzenleistungen. Stefan kann seinen Erfolg jedoch nicht genießen und sich nicht an ihm freuen. Er verspürt keine innere Befriedigung. Er hat ständig das Gefühl, seinen Erfolg nicht verdient zu haben. Stattdessen glaubt er, sein Erfolg sei auf Zufall oder Glück zurückzuführen. Er lebt in der ständigen Angst, jemand könne ihm auf »die Schliche« kommen und herausfinden, dass er im Grunde doch nur ein unfähiger und minderwertiger Mensch ist, d. h. er befürchtet, andere könnten genauso von ihm denken, wie er von sich selbst denkt.

Ganz andere Probleme hat **Annemarie** an ihrem Arbeitsplatz. Sie ist Sekretärin in einer Spedition. Sie kommt zu mir in Therapie, da sie in Folge beruflicher Überlastung »seelisch und körperlich am Ende sei«, wie sie es ausdrückt. Sie ist in ihrer Firma, in der sonst nur Männer sind, Mädchen für alles. Da sie sich nicht durchsetzen und nicht »Nein« sagen kann, erlaubt sie anderen, ihr Arbeit auf den Tisch zu legen, die gar nicht in ihren Aufgabenbereich gehört. Dadurch ist sie immer in Verzug mit ihrer Arbeit. Folglich macht sie eine Menge Überstunden und kommt auch an den Wochenenden ins Büro, um Liegen-Gebliebenes aufzuarbeiten. Sie getraut sich nicht, sich gegen ihre männlichen Kollegen durchzusetzen und denen zu sagen, sie sollten ihren Kram gefälligst selbst erledigen. Durch ihre Einstellung »Männer sind besser und klüger« und »Mit mir stimmt etwas nicht« erlaubt sie ihren männlichen Kollegen, ihr auf der Nase herumzutanzen.

Bei **Claire** wirkte sich das Gefühl, nutzlos und überflüssig zu sein, auf ihre Berufswahl aus. Sie wählte den Beruf der Altenpflegerin, um das Gefühl zu haben, gebraucht zu werden und wichtig zu sein. Sie braucht die Hilfsbedürftigen mehr als diese sie. Wenn sie frei hat oder im Urlaub ist, dann kommt sie sich nutzlos und überflüssig vor und verfällt in Depressionen. Sie hat keine Freunde, da sie sich in ihrer Wohnung vergräbt. Sie fühlt sich sehr einsam und denkt manchmal daran, ihrem Leben ein Ende zu setzen.

Diese wenigen Beispiele aus meiner Praxis zeigen Ihnen, wie vielfältig und verschieden die Auswirkungen eines geringen Selbstwertgefühls und Selbstvertrauens sein können: Ärger über sich und andere, verzehrender und krankmachender Ehrgeiz, Eifersucht, Einsamkeit, depressive Verstimmungen, die Angst, zu versagen und abgelehnt zu werden, Geltungssucht, das Bedürfnis, Aufsehen zu erregen, Arroganz, Hemmungen und, und....

Treffen einige der Beispiele auch auf Sie zu? Haben Sie sich wiedergefunden? Keine Bange. All diese Probleme können der Vergangenheit angehören. Heute können Sie ein neues Kapitel in Ihrem Leben aufschlagen. Einen kleinen Vorgeschmack darauf, wie Ihr Leben mit einem positiven Selbstwertgefühl und einem neugewonnenen Selbstvertrauen aussehen könnte, möchte ich Ihnen im nächsten Kapitel geben.

Was möchte ich mir von diesem Kapitel merken?

1. ....

2. ....

3. ....

4. ....

5. ....

Wer sich nicht anziehend findet,
der zieht auch andere nicht an.

Wer sich ablehnt,
der stößt auf Ablehnung.

Wer sich selbst nicht respektiert,
kann auch andere nicht respektieren.

Wie wir uns selbst behandeln,
behandeln wir auch andere.

4
Ein Blick in Ihre Zukunft

Haben Sie eine Vorstellung, was Sie erwartet, wenn Sie sich selbst annehmen und Ihr Selbstvertrauen steigern? Werfen wir zusammen einen Blick darauf. Begeben wir uns auf die Reise in eine nicht allzu ferne Zukunft – Ihre Zukunft.

Eines Tages in der Zukunft,

werden Sie in den Spiegel schauen und Ihnen gefällt, was Sie sehen. Sie sagen zu sich leise in einem wohlwollenden und liebevollen Ton und mit einem Lächeln auf Ihren Lippen »Hallo, mein Freund, ich mag dich«. Sie haben dabei ein gutes Gefühl und lächeln sich zu. Vielleicht gefällt Ihnen nicht alles, was Sie sehen, aber Sie wissen und spüren, dass Sie nicht perfekt sein müssen, um sich akzeptieren und mögen zu können. Wenn Sie etwas an Ihnen stört, dann sagen Sie sich: »Das gefällt mir nicht. Trotzdem mag ich mich«. Was Sie ändern können, das ändern Sie, was unveränderbar ist, akzeptieren Sie.

Die Worte »Ich mag dich« kommen Ihnen ganz selbstverständlich über die Lippen. Sie haben ein gutes Gefühl dabei und genießen die Wärme und Zuneigung, die Sie sich selbst entgegenbringen. Es ist ein wundervolles und schönes Gefühl, sich selbst zu mögen. In schwierigen Situationen sprechen Sie sich Mut zu, genauso wie Sie auch einem lieben Freund Mut machen würden. Sie sagen sich: »Komm, das packst du. Damit wirst du fertig. Du hast schon ganz andere Dinge hingekriegt«. Sie unterstützen sich, wann immer Sie Unterstützung brauchen. Sie sind für sich da und können sich auf sich verlassen. Wenn Ihnen etwas gut gelingt, dann loben Sie sich und sind stolz auf sich. Sie sagen sich: »Das hast du gut gemacht. Das war toll von dir. Spitze«.

Sie sind sich selbst ein guter und treuer Freund. Sie haben immer ein liebevolles, aufmunterndes und tröstliches Wort für sich übrig, insbesondere dann, wenn die Dinge nicht so laufen, wie Sie es sich vorgestellt haben. Es ist ein gutes Gefühl, immer einen Freund zur Seite zu haben, sich geliebt und angenommen zu fühlen.

Sie kennen und akzeptieren nun die Wahrheit über sich: Sie sind ein liebenswürdiger und wertvoller Mensch, mit Fehlern und Schwächen, mit guten und verbesserungswürdigen Seiten. Sie werden geliebt und sind liebenswert, so wie Sie sind. Sie wissen: Auf der ganzen Welt gibt es niemanden, der so ist wie Sie. Sie sind einzigartig – auch wenn Sie in mancherlei Hinsicht wie andere aussehen, klingen oder handeln mögen. Sie besitzen viele Qualitäten, Talente und Fähigkeiten, die sie noch nicht kennen, weil Sie noch keine Gelegenheit hatten, diese zu zeigen. Sie sind neugierig darauf, diese zu entdecken und zu entfalten.

Sie fühlen sich als der Kapitän Ihres Lebens. Sie haben die Fähigkeit, sich jederzeit und in jeder Lage positive, zuversichtliche und ermutigende Gedanken zu machen. Sie übernehmen für alles in Ihrem Leben die Verantwortung und fühlen sich deshalb frei.

Sie fühlen sich frei, das zu tun, was Sie möchten, frei, auf andere Menschen zuzugehen. Sie haben die Fesseln der Selbstzweifel abgelegt, sind voller Selbstvertrauen und Zuversicht und wissen, Sie können Ihrem Leben die Richtung geben, die Sie sich wünschen. Deshalb erwarten Sie jeden neuen Morgen mit Ungeduld. Sie stehen mit positiven Gedanken auf und gehen mit positiven Gedanken zu Bett. Es gibt so viel, für das Sie dankbar sind. Es gibt so viel, über das Sie sich freuen, und es gibt vieles, auf das Sie stolz sind.

Sie kennen die Macht der Worte und Gedanken. Sie wissen, dass Ihre Gedanken die Baumeister Ihres Lebens sind. Sie wissen, dass Sie nur Gefühle der Liebe, des Selbstvertrauens und der Hoffnung spüren können, wenn Sie sich liebevolle, vertrauensvolle und hoffnungsvolle Gedanken machen. Sie wissen, dass Sie sich durch Ihre Gedanken lähmen oder beflügeln können, dass Ihre Gedanken darüber entscheiden, ob Sie mutig oder ängstlich, selbstbewusst oder unsicher sind. Sie wissen: Ihr Glaube entscheidet über Erfolg und Misserfolg, über Sieg oder Niederlage. Aus der festen Überzeugung, nur etwas erreichen zu können, wenn Sie daran glauben, machen Sie sich zuversichtliche Gedanken und glauben an sich und Ihre Fähigkeiten. Hindernisse, die sich Ihnen in den Weg stellen, sehen Sie als Chancen. Das Wort Problem existiert für Sie nicht mehr. So unangenehm, so lästig und zermürbend etwas auch sein mag, Sie betrachten es als Chance; eine Chance zu wachsen und zu lernen; eine Chance, etwas zu gewinnen, etwas zu erreichen, was andere vielleicht nicht erreichen, weil sie nicht die Chance erkennen, die als Problem getarnt daherkommt.

Sie rechnen immer mit dem Besten. Sie sind ein Ich-kann-Denker und glauben an sich und Ihre Fähigkeiten. Was auch immer Sie tun möchten, vor welchen Herausforderungen Sie auch immer stehen und welche Veränderungen auch immer in Ihrem Leben eintreten mögen, Sie sagen sich: »Ich kann das. Ich schaffe das. Was ich noch nicht beherrsche, kann ich mir aneignen. Wenn mir etwas nicht auf Anhieb gelingt, dann liegt das daran, dass ich einen falschen Weg eingeschlagen habe. Also werde ich nach einem anderen Weg suchen, um mein Ziel zu erreichen. Ich besitze die Fähigkeit, Ziele, die ich mir setze, zu erreichen.«

Auch in schwierigen Zeiten bewahren Sie sich Ihre Zuversicht und Ihren Optimismus, indem Sie sich daran erinnern, dass auf schlechte Tage auch wieder gute Tage folgen. Sie wissen, dass auf den Winter immer auch der Frühling folgt. Statt in den finsteren Wolken der Verzweifelung und Mutlosigkeit zu leben, suchen Sie immer nach der Sonne, die hinter den Wolken scheint. Sie erinnern sich an vergangene Erfolge und stärken so Ihr Selbstvertrauen. Sie malen sich ganz bewusst aus, wie Sie dieser Herausforderung begegnen und sie erfolgreich bewältigen werden. Das gibt Ihnen Mut, Stärke und Zuversicht. Sie akzeptieren das Unausweichliche und Unveränderbare. Sie konzentrieren sich jedoch immer darauf, aus jeder Situation das Beste zu machen. Sie suchen stets nach Lösungen, statt Ihre Zeit damit zu verbringen, sich über Probleme zu beklagen. Und da Sie Ihre Energie stets auf die Lösung von Problemen konzentrieren, finden Sie auch einen Ausweg und kommen Ihrem Ziel näher.

Wenn Sie merken, dass Ihnen für eine Aufgabe das nötige Selbstvertrauen fehlt, dann stärken Sie sich selbst den Rücken, indem Sie sich gut zureden. Sie wissen, dass Sie es sind, der durch seine Gedanken darüber entscheidet, wieviel Selbstvertrauen Sie besitzen. Also ersetzen Sie Selbstzweifel und entmutigende Gedanken durch zuversichtliche und optimistische

Gedanken. Sie ändern Ihre Einstellung zu sich und zu Ihren Fähigkeiten. Doch dabei belassen Sie es nicht. Sie strahlen Ihre Zuversicht auch durch Ihre Körperhaltung aus. Sie bewegen sich wie jemand, der von sich überzeugt ist, und stärken so Ihr Selbstvertrauen. Sie setzen einen entschlossenen Gesichtsausdruck auf, wie jemand, der sich seiner Sache sicher ist.

Sie atmen tief und fest ein und aus. Sie stehen aufrecht und treten entschlossen auf, blicken nach vorne. Sie erinnern sich an vergangene Siege, machen sich klar, wie viele Herausforderungen Sie bereits erfolgreich gemeistert haben, und schaffen sich so das Selbstvertrauen, auch mit dieser Situation fertig zu werden. Sie sagen mit entschlossener und fester Stimme: »Ich kann das.«

Sie sagen Ja zu Ihrer Vergangenheit, zu den guten wie zu den schlechten Jahren, zu den erfolgreichen wie zu den erfolglosen Tagen, zu den fröhlichen wie den traurigen Stunden. Sie schließen Frieden mit Ihren Fehlern und Schwächen, mit den Menschen, die Sie nicht sehr liebevoll und warmherzig behandelt haben, mit Ihren Eltern und Lehrern. Sie wissen: Nur wenn Sie Frieden schließen und diesen Menschen verzeihen, können die Wunden in Ihnen heilen. Sie machen sich und anderen dieses Geschenk, weil Sie wissen, dass Rachegefühle Ihren Körper, Ihr Leben und die Beziehung zu anderen Menschen vergiften.

Lebensfreude, Begeisterung, Zuversicht, Harmonie, Spaß, tiefe und warmherzige Beziehungen und Liebe sind häufige Begleiter in Ihrem Leben. Sie fühlen sich attraktiv, glücklich, geliebt, selbstsicher, motiviert, entschlossen, energiegeladen, voller Elan und zuversichtlich. Sie sind spontan und kreativ, können tanzen, lachen und das Leben genießen. Ihre positive Ausstrahlung wirkt ansteckend und inspirierend auf andere. Sie fühlen sich frei, haben großes Vertrauen in sich und andere, und es macht Ihnen Spaß, neue Dinge anzupacken, die Sie sich vorher nicht zugetraut haben. Sie lieben das Leben und freuen sich an ihm. Sie sind voller Energie, Begeisterung, Tatendrang und Lebenskraft. Sie freuen sich auf jeden neuen Tag, die Erfahrungen, die Sie machen und die Menschen, die Ihnen begegnen werden.

An Tagen, an denen es Ihnen nicht so gut geht, an denen die Dinge nicht so laufen, wie Sie es sich wünschen, bewahren Sie Ihren Optimismus und Ihr Selbstvertrauen. Sie wissen, mal geht es auf, mal geht es ab, aber das ist nicht entscheidend. Entscheidend ist, dass es ein Morgen gibt und Sie die Kraft, die Fähigkeit, vor allem aber das nötige Selbstvertrauen haben, Ihr Leben zu gestalten.

Sie machen von Ihrem Recht Gebrauch, Ihre Meinung zu vertreten und auch zu ändern. Sie sagen mit einem guten Gefühl Nein, wenn Sie etwas nicht möchten. Sie gestehen sich zu, Fehler machen und andere um einen Gefallen bitten zu dürfen. Sie müssen Ihr Verhalten nicht rechtfertigen, sondern können dazu stehen. Sie handeln wie ein Mensch, der sich seiner sicher ist und der ein selbstbewusstes Leben führt. Sie treffen alle Entscheidungen, die Sie und Ihr Leben betreffen, selbst und erlauben anderen nicht, Ihnen vorzuschreiben, was für Sie richtig oder falsch, gut oder schlecht ist. Sie respektieren die Rechte und Gefühle anderer und gestehen anderen zu, so zu leben, wie diese möchten, solange diese nicht Sie und Ihr Leben beschneiden.

Bei allem, was Sie tun, geben Sie Ihr Bestes. Sie geben sich nicht mit weniger zufrieden. Sie sind mit dem zufrieden, was Sie erreicht haben, suchen aber stets nach Möglichkeiten, Ihre Leistungen zu verbessern. Sie wissen: Stillstand ist Rückschritt. Nur wer sich ständig ändert und sich auf veränderte Situatio-

Ich lasse es mir gut gehn und bin mir selbst gut-

nen einstellt, gehört zu den Gewinnern. Und Sie sind ein Gewinner. Sie denken, fühlen und handeln wie ein Mensch, der weiß, was er will und was ihm wichtig ist. Sie streben danach, Ihre eigenen Lebensvorstellungen zu verwirklichen. Sie verfolgen Ihre Ziele und sind sich sicher, diese zu erreichen. Wenn Ihnen etwas nicht beim ersten Mal gelingt, nehmen Sie einen neuen Anlauf und wenn nötig einen dritten und vierten. Sie ruhen nicht eher, bis Sie Ihr Ziel erreicht haben.

Auf halber Strecke aufgeben, die Flinte ins Korn werfen oder gar an sich zweifeln, das gehört der Vergangenheit an. Früher hätten Sie vielleicht aufgegeben und sich eingeredet: »Das ist eine Nummer zu groß für dich. Das kannst du nicht.« Heute fühlen Sie sich den Herausforderungen und Aufgaben gewachsen. Statt sich auf einen möglichen Misserfolg zu konzentrieren, rechnen Sie immer mit einem guten Ausgang. Nichts und niemand kann Sie aufhalten, außer Sie lassen es zu. Sie schauen nach vorne und sind damit beschäftigt, sich eine noch schönere und erfolgreichere Zukunft zu gestalten.

Sie haben die Kontrolle über Ihr Leben, Ihre Gedanken, Gefühle und Ihr Handeln. Sie gestalten das Heute, Morgen, das nächste Jahr, Ihre Zukunft, Ihr Schicksal. Sie entscheiden, wofür Sie Ihre Zeit und Energie einsetzen. Sie wissen, dass es Ihre Entscheidungen sind, die Sie Tag für Tag treffen, die Ihr Schicksal bestimmen. Vorbei die Zeiten, in denen Sie im Spiel des Lebens nur Zuschauer waren. Heute sind Sie Spieler und gestalten aktiv Ihr Leben. Sie spielen das Spiel Ihres Lebens und haben Spaß dabei. Vorbei die langweiligen und unausgefüllten Tage, in denen Sie nach dem Sinn des Lebens fragten. Heute geben Sie Ihrem Leben einen Sinn, indem Sie sich Aufgaben stellen und sich Ziele stecken, die Ihnen wichtig sind und für die es lohnt, zu leben.

Sie sind gerne mit anderen Menschen zusammen. Diese fühlen sich wohl in Ihrer Gegenwart und sind interessiert, was Sie denken und sagen. Sie spüren und erleben, wie positiv andere auf Sie reagieren und Sie spüren die Bewunderung und den Respekt der anderen aufgrund Ihres neuen Selbstvertrauens.

Sie haben Freude daran, mit anderen Menschen zusammen zu sein und Ihre Erfahrungen zu teilen. Sie fühlen sich sehr wohl in Gegenwart anderer Menschen und diese sind gerne mit Ihnen zusammen. Vorbei die Zeiten, in denen Sie sich einsam und ungeliebt fühlten, in denen Sie Angst vor anderen Menschen hatten und sich nicht getrauten, Ihre Meinung zu äußern. Nun sind Ihre Beziehungen zu anderen herzlich und vertrauensvoll. Sie suchen und finden in jedem Menschen liebenswerte Seiten. Sie können Ihre Gefühle ausdrücken und sind offen.

Wenn andere Sie von oben herab oder geringschätzig behandeln, dann lassen Sie sich dadurch nicht verunsichern. Sie wissen, die Ablehnung eines anderen sagt nichts über Sie aus. Sie sagt lediglich etwas über den anderen, über seinen Geschmack, seine Erwartungen, seine Moralvorstellungen oder seine Werte aus. Gleichwie andere Sie behandeln, Sie behandeln sich gut. Sie behandeln sich selbst so, wie Sie es von einem lieben Freund erwarten würden. Sie halten zu sich, insbesondere dann, wenn Sie besonders viel Unterstützung und aufmunternde Worte brauchen, dann, wenn andere Menschen Sie ablehnen und Sie oder Ihre Leistung kritisieren. Den Kontakt zu Menschen, die nicht förderlich für Sie sind, brechen Sie ab in dem Vertrauen, neue, bessere und Sie unterstützende Freunde zu finden.

Wenn Ihnen jemand ein Kompliment macht, dann freuen Sie sich darüber und sagen mit einem guten Gefühl und nicht ohne Stolz: »Danke schön. Sehr nett«.

Sie sind einzigartig und deshalb akzeptieren Sie sich, auch wenn andere Ihnen in einer Sache überlegen sind. Wenn andere etwas haben oder können, das Sie auch gerne haben oder können möchten, dann suchen Sie nach Möglichkeiten, sich dies anzueignen. Sie wissen: Was andere können, können Sie auch. Vielleicht kostet es Sie Zeit und Geduld, Training und Ausdauer, aber Sie werden es erreichen, wenn es Ihnen nur wichtig genug ist. Sie werden Mittel und Wege finden, um Ihr Ziel zu erreichen.

So wie Sie darauf achten, dass es Ihnen gut geht, ist es Ihnen auch wichtig, dass es Ihrem Partner, Ihren Kindern und Freunden gut geht. Sie wissen: Sie können nur gewinnen, wenn andere auch gewinnen. Deshalb achten Sie nicht nur auf Ihren Vorteil. Wann immer andere Ihre Hilfe brauchen und Sie diese unterstützen können, tun Sie das. Sie gehen mit anderen so um, wie Sie gerne auch von anderen behandelt werden möchten. Sie handeln nach der Devise: Was du nicht willst, das man dir tut, das füge auch keinem anderen zu.

Wenn Ihnen viel an anderen liegt, dann zeigen und sagen Sie diesen das. Sie sprechen mit diesen über Ihre Wünsche und Bedürfnisse und haben immer auch ein offenes Ohr für deren Wünsche und Bedürfnisse.

Da Sie sich selbst wichtig sind und davon überzeugt sind, dass Sie es verdienen, dass es Ihnen gut geht, achten Sie auch auf Ihre Gesundheit und Ihren Körper. Sie achten darauf, dass Sie ihm nur gesunde und frische Nahrungsmittel geben. Sie vergiften Ihren Körper nicht mit übermäßigem Alkoholgenuss, verzichten auf Nikotin oder Stimmungsverbesserer, um sich ein Wohlbefinden zu verschaffen. Wenn Sie Schmerzen verspüren, dann betrachten Sie diese als Signal, dass Ihr Körper aus dem Gleichgewicht geraten ist, dass Sie ihm zu wenig Aufmerksamkeit geschenkt haben. Sie forschen nach den Ursachen für Ihr Missbefinden. Wenn nötig, ändern Sie Ihre Lebens- und Ernährungsweise, gönnen Ihrem Körper mehr Ruhe, beseitigen Muskelverspannungen durch Einsatz von Entspannungsverfahren oder Gymnastik, verschaffen sich mehr Bewegung und führen Ihrem Körper durch Spaziergänge oder Joggen genügend lebensnotwendigen Sauerstoff zu.

Ihr körperliches Wohlbefinden ist Ihnen genauso wichtig wie Ihr seelisches Wohlbefinden. Beide sind untrennbar miteinander verbunden. Sie achten auf die Erhaltung und Verbesserung Ihrer Gesundheit. Sie behandeln Ihren Körper wie einen lieben Freund. Sie schenken ihm Aufmerksamkeit und Zuwendung und unterstützen ihn. Sie wissen, dass er Ihnen nur dann gute Dienste leisten und Ihnen Freude machen kann, wenn Sie liebevoll und gut mit ihm umgehen. Er begleitet Sie auf Schritt und Tritt, und deshalb liegt Ihnen sein Wohlbefinden am Herzen.

Welche Talente und Fähigkeiten werden Sie mit Ihrem neuen Selbstvertrauen nutzen? Welche neuen Aufgaben, die Sie bisher aus Angst, Unsicherheit und mangelndem Selbstbewusstsein vor sich hergeschoben haben, werden Sie nun in Angriff nehmen? Welche neuen Hobbys und Sportarten werden Sie beginnen? Was wollten Sie schon immer einmal ausprobieren, haben es sich aber nie getraut? Sehen, erleben, spüren Sie, wie Sie sich nun diesen Traum erfüllen und wie toll das Gefühl ist, sein Leben nach seinen Wünschen zu gestalten. Sehen Sie, welche Möglichkeiten Ihnen nun offen stehen, die Ihnen vorher verschlossen waren. Spüren Sie, wie stolz Sie auf sich sind. Gibt Ihnen das nicht ein gutes Gefühl? Ist es nicht schön, so voller Selbstvertrauen zu sein?

Sie akzeptieren sich, gleichgültig, welche Fehler Sie gemacht haben, ungeachtet tatsächlicher oder eingebildeter Unvollkommenheiten. Sie haben Freundschaft mit dem kleinen Jungen oder Mädchen in Ihnen geschlossen, diesem wundervollen liebenswerten Kind in Ihnen. Es braucht Ihre Liebe und bedingungslose Annahme, um ein glückliches Leben leben zu können. Sie versprechen diesem Kind, das Ihre Liebe braucht, ein guter Freund zu sein.

Sie möchten vielleicht das eine oder andere an sich noch ändern und verbessern, aber Sie akzeptieren sich, so wie Sie sind. Je mehr Sie sich selbst mögen und akzeptieren, umso mehr können Sie andere mögen und akzeptieren. Ihre Liebe zu sich und anderen fördert die Beziehung zu anderen, hilft Ihnen Ihre Fähigkeiten zu entwickeln, hilft Ihnen ein erfülltes Leben zu führen. Ihr Leben hat einen Sinn. Ihr Leben ist wichtig. Sie sind wichtig. Sie sind Ihr eigener bester Freund. Sie sind nun frei von den negativen Programmierungen Ihrer Kindheit.

Am Ende Ihres Lebens werden Sie zufrieden auf Ihr Lebenswerk zurückblicken. Sie haben die Dinge erreicht, die Ihnen wichtig waren. Sie haben Ihre Träume Wirklichkeit werden lassen – und Sie hatten viele Träume. Und Sie sind stolz auf sich, Ihr Leben und das Erreichte. Sie haben das Leben mit all seinem Reichtum ausgekostet.

– Ende der Reise –

Wie würde es Ihnen gefallen, ein solches Leben zu führen, wie ich gerade beschrieben habe? Klingt das verlockend? Ich weiß, es erscheint Ihnen unerreichbar, unerreichbar zumindest für Sie. Haben Sie Vertrauen und etwas Geduld. Ihre Zweifel sind normal und verständlich. Schließlich kenne ich

Sie nicht, und ich weiß nichts von Ihren Problemen und schon gar nichts von Ihrer Vergangenheit und Ihren bisherigen negativen Erfahrungen, die Sie zu dem gemacht haben, was Sie heute sind. Und dennoch bin ich überzeugt, dass auch Ihnen eine positivere und glücklichere Zukunft offen steht. Ich verspreche Ihnen nicht, dass es leicht sein wird. Ich verspreche Ihnen auch nicht, dass Sie schon morgen oder übermorgen dieses verlockende Leben führen werden. Ich verspreche Ihnen aber, dass Sie und Ihr Leben sich schrittweise zum Positiven verändern werden, wenn Sie die notwendigen Schritte tun, die ich Ihnen vorschlagen werde. Sind Sie bereit, sich selbst die Chance zu geben, sich davon überzeugen zu lassen? Höre ich Sie »Ja« sagen? Wunderbar. Begeben wir uns auf die Reise in Ihre Zukunft.

Im nächsten Kapitel möchte ich Sie mit einem Untermieter bekannt machen, den Sie schon lange beherbergen und der Sie bislang von einer Zukunft abgehalten hat, wie wir sie gerade erlebt haben – dem Kritiker.

Wenn wir nicht
an uns selbst glauben,
dann strahlen wir kein
Selbstvertrauen aus
und dann können wir
auch nicht erwarten,
dass andere Zutrauen
zu uns haben.

5
Darf ich Ihnen Ihren Untermieter vorstellen? Sein Name: Kritiker

Wir alle haben in uns einen Beobachter, der unser Verhalten überwacht und beurteilt. Er weiß alles über uns, kennt selbst unsere geheimsten Fehler und Schwächen und hat nie ein aufmunterndes oder freundliches Wort für uns übrig. Er schläft nie und ist immer schnell bei der Hand, uns anzugreifen und zu verurteilen, aber er erinnert uns nie an unsere Stärken und guten Seiten. Er schreibt uns vor, wie wir zu leben haben, was wir zu tun und zu lassen haben. Verstoßen wir gegen seine Vorschriften und Ideale, dann bombardiert er uns mit den größten Vorwürfen und lässt uns mit einem schlechten Gewissen und dem Gefühl zurück, mies, gemein und minderwertig zu sein. Er wirft uns unschöne und hässliche Worte an den Kopf wie Dummkopf, Idiot, Versager, Feigling und Schlappschwanz oder bezeichnet uns als dumm, hässlich, unfähig und schwach. Er meint, die Gedanken anderer Menschen lesen zu können und überzeugt uns, dass diese uns ebenfalls für langweilig und unattraktiv halten und uns ablehnen. Er will uns weismachen, dass wir **immer** versagen, dass wir uns **immer** dumm anstellen, dass wir **immer** Schuld daran haben, wenn eine Beziehung in die Brüche geht, oder dass wir **nie** eine Sache zu Ende bringen. Er vergleicht uns mit anderen, und das Ergebnis ist meist wenig schmeichelhaft für uns.

Er erledigt seine Aufgabe so raffiniert und geschickt, dass seine Kritik uns immer als berechtigt und gerechtfertigt erscheint. Wir kommen gar nicht auf den Gedanken, dass mit seiner Kritik etwas nicht stimmen könnte. Wir leben schon so lange mit ihm zusammen, dass wir glauben, er gehöre ebenso zu uns wie unsere Arme und Beine. Sein Name: Kritiker.

Haben Sie auch einen solchen Quälgeist bei sich zur Untermiete? Machen Sie auch ähnliche Erfahrungen mit ihm? Vermutlich. Aber keine Bange. Er hat keinen Kündigungsschutz und auch sonst steht seine Existenz auf wackeligen Beinen. Wenn es Ihnen ernst ist, den Kritiker aus Ihrem Leben zu verbannen, dann wird Ihnen das auch gelingen, und seine Tage sind gezählt. Sie können lernen, diesen Saboteur Ihres Wohlbefindens mundtot zu machen, auch wenn Sie oft den Eindruck haben, dass er einen eigenen Willen hat und stärker ist als Sie. In Wirklichkeit ist er nämlich nur deshalb so mächtig, weil Sie ihn bislang als gegeben hingenommen haben und nicht so recht wussten, wie Sie ihn zum Schweigen bringen können. Mit etwas Übung können Sie ihn jedoch aus Ihrem Leben verbannen oder zumindest erreichen, dass er ziemlich kleinlaut wird.

Ehe ich Ihnen jedoch konkrete Tipps gebe, wie Sie ihn mundtot machen können, möchte ich Ihnen zeigen, woher es kommt, dass wir alle einen solchen Kritiker in uns haben, und wie es kommen konnte, dass er so mächtig und stark wurde. Dieses Wissen wird Ihren Kritiker zwar nicht vertreiben, aber es wird Ihnen helfen, seinen Charakter und seine Existenz besser zu verstehen – und das kann Ihnen Mut machen, ihm den Kampf anzusagen. Sind Sie bereit, mehr über die Herkunft Ihres Kritikers zu erfahren?

Die Geburtsstunde des Kritikers

Der Kritiker in uns entstand in unseren ersten Lebensjahren, in denen uns vor allem die Erwachsenen, aber auch Gleichaltrige, bewusst und unbewusst das Gefühl vermittelten, dumm, unterlegen, schwach, nicht liebenswert oder einfach anders, sprich, nicht normal zu sein. Sie erreichten dies, indem sie uns vielleicht sehr oft hänselten, uns auf unsere Fehler und Schwächen aufmerksam machten oder uns mit Worten und abweisendem Verhalten bestraften, wenn wir nicht so waren, wie sie es von uns verlangten: »Du taugst nichts«, »Aus dir wird nie etwas werden«, »Mit dir muss man sich ständig nur ärgern«, »Du dumme Gans«, »Du bist das schwarze Schaf der Familie«, »Du hast zwei linke Hände«, »Du bist ein Tollpatsch«, »Du machst uns nur Schande«, »Du bist und bleibst ein Versager«, »Du kannst froh sein, wenn du später eine Putzstelle findest«, »Du bist stinkfaul«, »Mit dir hat man nur Scherereien«, »Dickerchen«, »Bohnenstange«.

An manchen Tagen prasselten solche entmutigenden und verletzenden Worte wie ein Hagelgewitter zu Hunderten auf uns ein. Als Kinder hatten wir keine Möglichkeit, uns gegen solche Anschuldigungen zu wehren. Wir waren auf unsere Eltern angewiesen, waren von ihnen buchstäblich abhängig, um leben, ja überleben zu können. Hinzu kommt, dass wir als Kinder nur einen Wunsch hatten: Von unseren Eltern geliebt und akzeptiert zu werden. Nichts war für uns schlimmer, als von ihnen abgelehnt und verstoßen zu werden, und wenn es auch nur durch Blicke war. Jedes Mal, wenn sie uns mit Worten oder durch abweisendes Verhalten bestraften, dann hatten wir Angst, von ihnen verstoßen oder verlassen zu werden. Wir lernten also ihre Kritik mit der Angst zu verbinden, sie zu verlieren, und, da wir ›wussten‹, nicht ohne ihre Hilfe und Unterstützung leben zu können, akzeptierten wir ihre Meinung über uns als Wahrheit und machten uns diese zu Eigen. Wir haben gelernt, uns mit den Augen unserer Eltern und Erzieher zu sehen.

Unsere Eltern und Erzieher leben heute, auch wenn sie schon lange gestorben sind, in der Gestalt des Kritikers in uns weiter. Auch wenn wir räumlich von unseren Eltern getrennt sind oder diese bereits verstorben sind, geistig und emotional sind wir immer noch mit ihnen verbunden. Wir hängen quasi immer noch an der geistigen und emotionalen Nabelschnur. Der Kritiker in uns ist nichts anderes als der Vater, die Mutter und/oder andere wichtige Personen, die auf uns einen großen Einfluss hatten. Der Kritiker hat sich die Werte, Moralvorstellungen und Lebensphilosophien, die andere uns Tag für Tag in der Kindheit gepredigt haben, zu Eigen gemacht. So wie unsere Eltern uns früher beobachtet und uns kritisiert haben, so beobachtet und kritisiert uns der Kritiker heute.

Ich habe beispielsweise von Kindesbeinen an von meinen Eltern gehört, dass man nur »wer« ist und es im Leben zu etwas bringen kann, wenn man Arzt oder Zahnarzt ist. Andere Berufe zählten in unserer Familie nicht. Als ich später das Psychologie-Studium wählte, waren meine Eltern nicht nur sehr enttäuscht; ich hatte auch das Gefühl, »keinen gescheiten Beruf« gewählt zu haben. Ich hatte Angst, meine Eltern könnten Recht behalten und aus mir könnte tatsächlich nichts werden. Und was war die Folge davon? Ich versuchte lange Jahre meinen Eltern zu beweisen, dass man es auch als Psychologe zu etwas bringen kann. Der Motor für meinen Ehrgeiz war letztlich der Wunsch, von meinen Eltern doch noch anerkannt zu werden. Was ich aber auch tat, wie sehr ich mich anstrengte und wie viel Erfolg ich auch hatte, mein Kritiker schien davon nicht beeindruckt zu sein. Im Gegenteil. Er gab mir stets das Gefühl, nicht genug zu tun, und er versetzte mich in Angst, am Ende meines Lebens doch noch als Versager dazustehen.

Ich brauchte einige Jahre, bis ich erkannte, dass ich es meinem Kritiker nicht recht machen konnte, gleichgültig, wie viele Lorbeeren ich erntete. Erst als ich meinem Kritiker den Kampf ansagte und aufhörte, ihm alles zu glauben, was er mir sagte, änderte sich mein Leben. Heute ist mein Kritiker ziemlich kleinlaut. Ich habe ihn gewissermaßen entmündigt und an seine Stelle einen Freund gesetzt, der mir beisteht, mir Mut macht und für mich da ist, wenn ich ihn brauche. Gewiss, an manchen Tagen meldet sich der Kritiker noch zu Wort, aber er hat keine Macht mehr über mich. Ich schenke seinen Worten nämlich keinen Glauben mehr, und deshalb kann er mein Selbstwertgefühl und mein Selbstvertrauen auch nicht mehr untergraben.

Im Folgenden möchte ich Ihnen aufzeigen, wie Eltern das Selbstwertgefühl ihrer Kinder zerstören können und so statt Selbstvertrauen nur Selbstmisstrauen und Selbstablehnung begünstigen.

Einige Erziehungsfehler unserer Eltern und Erzieher

In ihren Bemühungen, uns Kinder auf das Leben vorzubereiten, begingen unsere Eltern häufig sechs entscheidende Fehler. Diese Erziehungsfehler sind dafür verantwortlich, dass der

Kritiker in uns heute so mächtig ist. Sind Sie gespannt darauf, diese kennenzulernen? Hier sind sie.

1. Eltern knüpfen ihre Liebe an Bedingungen

Eltern wissen in der Regel sehr genau, dass für uns Kinder nichts wichtiger ist als ihre Liebe und Zuwendung. Von diesem Wissen machten unsere Eltern sehr oft Gebrauch. Sie machten ihre Liebe zu uns von der Erfüllung ganz bestimmter Forderungen abhängig. Vielleicht haben Sie sich in Ihrer Kindheit oft anhören müssen: »Ich mag dich nicht, wenn du so unartig bist« (Nur wenn du artig bist, dann mag ich dich), »Solange du dir deine Haare nicht schneiden lässt, bist du bei mir unten durch« (Nur wenn du dir deine Haare schneiden lässt, dann ...), »Ich habe dich lieb, wenn du deine Schulaufgaben machst« (Wenn du deine Aufgaben nicht machst, habe ich dich nicht lieb), »Sei ein lieber Junge und iss deinen Teller leer« (Wenn du deinen Teller nicht leer isst, dann bist du kein lieber Junge).

Durch solche gutgemeinten Worte wollten unsere Eltern Druck auf uns ausüben. Durch die Androhung, uns ihre Liebe zu entziehen, wollten sie erreichen, dass wir das tun, was sie für uns für das Beste hielten. Was aber war für uns Kinder wichtiger als die Liebe unserer Eltern? Wir waren so auf unsere Eltern angewiesen, um überleben zu können, dass wir es uns nicht leisten konnten, es mit ihnen zu verscherzen. Wir waren von ihnen in hohem Maße abhängig.

Um bei ihnen nicht in Ungnade zu fallen, taten wir in der Regel, was sie von uns verlangten. Wir lernten, uns die Liebe und Zuwendung der Eltern, die für uns Kinder noch lebensnotwendig war, durch angepasstes Verhalten zu erkaufen. Wir lernten aber auch, dass wir nur unter ganz bestimmten Umständen liebenswert sind. Wir entwickelten die Einstellung: »Nur wenn ich so bin, wie andere mich haben wollen, dann bin ich liebenswert und bekomme deren Liebe und Anerkennung. Tue ich jedoch etwas, was ich möchte und das anderen nicht gefällt, dann muss ich Angst haben, dass diese mich ablehnen«.

Als Erwachsene versuchen wir deshalb oft, uns die Liebe der anderen zu erkaufen. Wir tun vieles nur, um andere zufrieden zu stellen und bei diesen anzukommen. Wir sagen Ja, obwohl wir Nein sagen möchten, sagen nichts, um des lieben Friedens willen, und wir unterdrücken unsere eigenen Bedürfnisse und Wünsche. Wir haben Angst, unsere Bedürfnisse und Wünsche zu erfüllen, da wir damit bei anderen in Ungnade fallen könnten. Ringen wir uns einmal durch, das zu tun, was wir möchten und was wir für richtig halten, dann haben wir vielleicht ein schlechtes Gewissen und fühlen uns wie ein Schwerverbrecher.

Umgekehrt knüpfen wir als Erwachsene unsere Liebe und Zuwendung zu anderen Menschen auch an Bedingungen. Nur wenn diese tun, was wir von ihnen erwarten, dann akzeptieren wir sie. Tut unser Partner etwas, das uns missfällt, dann verweigern wir uns ihm, wenden uns ab oder trennen uns von ihm. Indem wir ihm vorwerfen, er sei egoistisch und denke nur an sich, wollen wir ähnlich wie unsere Eltern erreichen, dass er ein schlechtes Gewissen hat, sich schuldig fühlt und nachgibt.

Wir alle haben von uns ein Idealbild, wie wir sein sollten und was wir tun und lassen sollten. Dieses Bild ist sehr stark von den Normen und Maßstäben unserer Eltern geprägt. Wenn wir diesem Ideal nicht entsprechen, dann meldet sich der Kritiker in uns. Er überhäuft uns mit Vorwürfen und macht uns nieder, so wie dies auch unsere Eltern taten. Wenn wir z. B. nicht so selbstsicher sind, wie wir es von uns erwarten, dann sagt der Kritiker vielleicht: »Du bist ein Schlappschwanz. Schau dich mal an, was für ein jämmerlicher Waschlappen du bist«. Wir fühlen uns dann minderwertig, und unser Selbstvertrauen ist noch mehr erschüttert.

Nahmen unsere Eltern Fehler von uns zum Anlass, um uns zu sagen, dass wir dumm und blöd sind, dann lässt der Kritiker in uns heute auch kein gutes Haar an uns. Tun wir in seinen Augen etwas Schlechtes, dann schaut der Kritiker mit Verachtung auf uns herab und verurteilt uns. Er ist in der Regel genauso streng und unerbittlich mit uns wie einstmals unsere Eltern, ja oftmals ist er noch viel grausamer und härter, als es unsere Eltern je waren.

Haben Ihre Eltern ihre Liebe zu Ihnen auch an Bedingungen geknüpft? Fallen Ihnen spontan Situationen aus Ihrer Kindheit ein, wie die, die ich gerade beschrieben habe? Denken Sie einen Moment darüber nach, ehe Sie weiterlesen.

2. Eltern stellen Vergleiche mit anderen Kindern an

Ein sehr beliebtes Erziehungsmittel von Eltern ist der Verweis auf andere Kinder: »Nimm dir ein Beispiel an deinem Bruder. Der ist fleißig. Der wird es mal zu etwas bringen«, »Warum stopfst du nur so viel in dich rein? Wenn du so weitermachst, dann wirst du auch so eine Tonne wie deine Freundin Sabine«, »In deinem Alter sind andere Kinder schon viel vernünftiger«, »Schau dir einmal deinen Freund Klaus an. Der hampelt nicht mehr so rum und ist nicht so albern wie du«, »Warum kannst du nicht wie andere Kinder sein?«.

Durch solche Worte lernten wir, dass andere Menschen besser sind als wir. Die anderen, die uns als Vorbild hingestellt wurden, besaßen etwas, das wir nicht hatten und das sie liebenswert machte. Solange wir diese Eigenschaften oder Fähigkeiten nicht auch besitzen, haben wir das Gefühl, nicht liebenswert zu sein und uns schämen zu müssen. Durch dieses Mit-anderen-verglichen-Werden wurde uns schmerzhaft bewusst, dass es zwei Klassen von Menschen gibt: gute und schlechte, liebenswerte und ablehnenswerte, tüchtige und faule, anerkannte und verachtenswerte. Und wie oft mussten wir uns anhören, dass wir zu den Letzteren gehören? Wieder mussten wir erfahren, dass wir nur geliebt werden, wenn wir so sind, wie andere uns haben wollen. Wir lernten, uns minderwertig zu fühlen, wenn wir nicht so waren wie andere, die uns als Vorbilder hingestellt wurden. Oder aber wir hatten Angst, wie andere zu werden, die uns als negatives Vorbild genannt wurden.

Dieses Mit-anderen-Vergleichen praktiziert auch unser Kritiker. Er schaut nach, ob andere etwas besitzen, das wir nicht besitzen: mehr Geld, mehr Ansehen, mehr Intelligenz, ein größeres Haus, einen größeren Wagen, ein besseres Aussehen, mehr Bildung, mehr Erfolg im Beruf und Spiel, usw. Haben andere uns etwas voraus, dann gibt er uns das Gefühl, minderwertig zu sein, und er treibt uns an, besser als andere oder zumindest wie diese zu sein. Die Werbung und die Medien machen sich diesen Umstand erfolgreich zunutze. Es werden z.B. Schönheitsideale propagiert, denen die allerwenigsten von uns entsprechen. Die Folge: Die Mehrheit aller Frauen und immer mehr Männer sind mit ihrem Körper unzufrieden und fühlen sich unattraktiv bis hin zu hässlich. Der eigene Körper wird zum Feind, den es mit Diäten, Antifaltencremes, chirurgischen Eingriffen, Fitnessstudiobesuchen und Schönheitsfarmen zu bekämpfen gilt. Millionen Männer und Frauen führen auf diese Weise eine Schönheitsschlacht, die sie jedoch nicht gewinnen können. Eine erfolgreiche Heilung des angeschlagenen Selbstwertgefühls ist mit solchen äußerlichen kosmetischen Mitteln nämlich nicht zu erreichen. Der Kritiker findet immer etwas »Unattraktives«, mit dem er uns das Gefühl gibt, unattraktiv und hässlich zu sein.

3. Eltern unterscheiden nicht zwischen dem Verhalten eines Menschen und dem Menschen selbst

Viele Eltern setzen das Verhalten eines Menschen mit seiner Person gleich. Taten wir als Kinder etwas Schlechtes oder Unanständiges, dann bekamen wir von unseren Eltern zu hören, dass wir auch als Mensch schlecht und unanständig sind. Hatten wir aus der Geldbörse unserer Mutter Geld genommen, dann hieß es: »Du bist ein durch und durch schlechter Junge. Du bist ein Dieb. Bei mir bist du unten durch«. Hatten wir bei einer Klassenarbeit schlecht abgeschnitten, dann gaben uns die Eltern vielleicht das Gefühl, dass wir uns als Mensch mies und minderwertig fühlen müssen, da wir eine schlechte Note geschrieben haben.

Aus solchen Worten unserer Eltern schlussfolgerten wir: »Ich muss mich danach beurteilen, was ich tue. Tue ich etwas Schlechtes, dann bin ich schlecht«. Wir lernten, unser Verhalten mit unserem Wert als Mensch in Beziehung zu bringen. Wir lernten nicht, dass es einen großen Unterschied macht, was wir tun und wer wir sind.

Viele Worte beinhalteten eine enorme moralische Botschaft, die noch durch den Tonfall oder die Mimik und Gestik unterstrichen wurde. Wenn unsere Eltern sagten: »Du bist stinkfaul«, dann beurteilten sie damit zwar nur unser Verhalten, aber das Wort ›stinkfaul‹ und die Art, wie sie es sagten, ließ in uns das Gefühl aufkommen, dass wir als Mensch schlecht sind. Das Gleiche trifft auf das Wort ›egoistisch‹ zu. Durch die Art und Weise, wie es unsere Eltern aussprachen, bekam es eine so negative Bedeutung für uns, dass wir uns als Mensch schlecht vorkommen, wenn uns heute jemand sagt, wir seien egoistisch.

Der Kritiker fügt uns heute durch diese Denkweise, dass unser Wert von unserem Handeln abhängt, sehr viel Leid zu. Fallen wir durch eine Prüfung, werden wir nicht befördert, bringen wir nicht die Leistung, die wir oder andere von uns erwarten, kurzum, haben wir den Eindruck, versagt zu haben, dann verurteilt uns unser Kritiker als Mensch, und wir kommen uns als Ganzes minderwertig und wertlos vor.

4. Eltern kritisieren häufiger, als sie loben

Viele meiner Patienten werfen ihren Eltern vor, diese hätten immer nur etwas an ihnen auszusetzen gehabt. So gut wie nie aber seien sie gelobt worden. Gute Leistungen wurden von unseren Eltern oft als selbstverständlich und deshalb als nicht besonders erwähnenswert angesehen, während aus schlechten Leistungen und Fehlern vielleicht ein Drama gemacht wurde. Und dabei sind Fehler doch gerade das, was man am häufigsten macht, wenn man klein ist.

Haben Sie eine Idee, wie häufig Kinder bis zum Alter von fünf Jahren im Durchschnitt getadelt werden? Halten Sie einen Moment inne und raten Sie. Haben Sie Ihre Schätzung abgegeben? Ein Psychologe hat errechnet, dass Kinder bis zum fünften Lebensjahr häufig schon mehr als 40.000 Mal getadelt wurden! Ein Kind, das bis zum Alter von fünf Jahren 40.000 Mal getadelt wurde, wurde im Monat im Durchschnitt ca. 666 Mal und pro Tag 22 Mal getadelt.

Wen wundert es, wenn wir als Erwachsene unsicher sind, kein Selbstvertrauen und Angst vor Ablehnung haben? Wenn wir sehr oft kritisiert werden und das auch noch in einer sehr persönlichen und verletzenden Art und Weise: »Du Taugenichts«, »Du Idiot«, »Du Versager«, »Du dumme Gans«, »Du machst uns nur Kummer«, »Du bist Schuld, wenn ich krank werde«, dann lernen wir, an uns zu zweifeln und uns minderwertig und schuldig zu fühlen.

Als Kinder haben wir noch keine Normen und Maßstäbe. Wir wissen nicht, was richtig und falsch ist. All dies lernen wir erst in der Auseinandersetzung mit unseren Eltern. Wurden wir von diesen häufig kritisiert, wenn wir Comics lasen oder in den Tag hinein träumten, dann haben wir daraus gefolgert: »Ich bin schlecht und muss mir Schuldgefühle machen, wenn ich etwas tue, das mir Spaß macht und das nicht unmittelbar etwas mit Leistung zu tun hat. Ich bin nur o. k., wenn ich etwas leiste«. Als Erwachsene fällt es uns dann vielleicht schwer, uns auszuruhen, weil unser Kritiker uns dann sofort ein schlechtes Gewissen macht.

Vielleicht akzeptierten Ihre Eltern bei Ihnen gewisse Gefühle wie Ärger, Traurigkeit oder Weinen nicht. Sie haben Ihnen gesagt, es sei ein Zeichen von Schwäche, solche Gefühle zu zeigen, haben Sie gehänselt oder sich über Sie lustig gemacht. Ja, vielleicht wurden Sie sogar dafür bestraft, wenn Sie weinten. So legten Sie sich mit der Zeit die Einstellung zu, es sei ein Zeichen von Schwäche, sich so gehen zu lassen. Also haben Sie begonnen, von sich zu fordern, keine Schwäche zeigen zu dürfen und immer stark sein zu müssen. Wenn Patienten bei mir in Therapie weinen, dann sagen sie oft: »Ich weiß auch nicht, warum ich das tue. Das ist doch zu blöd. Ich benehme mich wie ein Baby«. Diese Einstellung entwickeln Menschen, wenn sie als Kinder für ihre Verwundbarkeit bestraft oder ausgelacht wurden.

5. Eltern stellen es als schlecht hin, stolz zu sein

Aus Angst, ihre Kinder könnten sich zu hochnäsigen und überheblichen Menschen entwickeln, unterdrücken Eltern oftmals den berechtigten Stolz ihrer Kinder: »Bilde dir nur nichts darauf ein, dass du eine gute Note geschrieben hast«, »Glaube ja nicht, dass du dich jetzt auf deinen Lorbeeren ausruhen kannst; das war noch gar nichts«, »Vögel, die am Morgen zwitschern, holt abends die Katze«, usw.

Unser Kritiker findet es deshalb auch verwerflich, vor anderen auf die eigene Leistung stolz zu sein. Er spricht sofort von Selbstbeweihräucherung und Überheblichkeit, wenn wir auch nur daran denken, unsere positiven Seiten herauszustellen. Selbst wenn andere uns loben oder uns ein Kompliment machen, dann versteht er es, dieses Kompliment kaputtzumachen. Er redet uns ein, der andere schmiere uns nur Honig um den Mund, weil er sich bei uns beliebt machen will, oder der andere sage das nur, um uns nicht wehzutun. Manchmal spricht unser Kritiker auch von Glück oder Zufall, wenn uns etwas gut gelungen ist.

6. Eltern trauen ihren Kindern wenig zu, überfordern oder unterfordern (überbehüten) sie

Kinder möchten sich und ihren Eltern beweisen, dass sie etwas können. Oftmals werden sie jedoch von ihren Eltern gebremst, indem diese sagen: »Das kannst du doch nicht; dazu bist du zu klein«, »Lass das stehen, du lässt es doch nur fallen«, »Dazu bist du doch zu ungeschickt«, »Das verstehst du nicht«, »Werde erst einmal groß, dann ...«.

Als Erwachsene tragen wir immer noch dieses Bild des unfähigen und ungeschickten Kindes mit uns herum. Wenn wir etwas Neues und Unbekanntes anpacken wollen, dann meldet sich unser Kritiker und sagt, dass wir das doch nicht schaffen, da wir zu dumm, zu wenig begabt, zu einfältig, zu sensibel oder zu schwach sind, und dass wir es deshalb am besten erst gar nicht probieren sollten. Sehen wir andere, die das tun, was wir uns nicht zutrauen, dann sagt uns der Kritiker: »Nimm dir ein Beispiel an dem. Der kann das. Du bist und bleibst eben ein Versager«.

Es kann aber auch sein, dass wir als Kinder quasi in Watte gepackt wurden: Man wollte uns ein unbeschwertes Leben ermöglichen und uns von negativen Erfahrungen fernhalten. Also hat man uns alles abgenommen, hat darauf geachtet, dass wir seelisch und körperlich nicht verletzt werden. Auf diese Weise bleibt einem zwar eine Menge Frust erspart, aber Erfolgserlebnisse stellen sich so auch nicht ein, und es kann sich kein gesundes Selbstvertrauen herausbilden. Im Gegenteil: Man fühlt sich dann nicht nur schwach, man ist es auch. Mit dem Selbstvertrauen ist es nämlich wie mit den Muskeln: Wenn man es nicht trainiert, dann verkümmert es. Oder man hat uns überfordert, indem man von uns mehr verlangte, als wir aufgrund unserer geistigen und körperlichen Fähigkeiten in der Lage waren zu erbringen. Als Folge davon hatten wir ständig das Gefühl, zu dumm, zu unbegabt oder zu ungeschickt zu sein. In beiden Fällen, der Über- und der Unterforderung, fühlten wir uns infolgedessen als Kinder und Jugendliche schwach, unbeholfen, klein und unterlegen. Es entstand in uns ein undefinierbares Gefühl der Unzulänglichkeit und Unterlegenheit, das ständig an einem nagte – ohne genau zu wissen und sagen zu können, warum man sich eigentlich so mies fühlte.

Eltern sind auch Menschen

Durch meine vorangegangenen Worte mag der Eindruck entstanden sein, dass ich allen Eltern die größten Vorwürfe mache. Dies ist jedoch nicht meine Absicht. Es geht nicht um Schuldzuweisung. Im Gegenteil. Wenn Eltern zu mir in Therapie kommen, und diese machen sich Schuldgefühle, weil sie glauben, bei der Erziehung versagt zu haben, dann tue ich alles, um sie davon zu überzeugen, dass sie absolut keinen Grund haben, sich Vorwürfe zu machen.

Ich bin der festen Überzeugung, dass die allermeisten Eltern ihre Kinder lieben, auch wenn es nicht immer den Anschein hat. Ihre Strenge ist entweder Ausdruck einer großen Liebe zu uns oder die Folge eigener Probleme, Schwächen und Ängste. Warum sonst würden unsere Eltern das Risiko eingehen, von uns Kindern abgelehnt zu werden? Auch Eltern wünschen sich nichts sehnlicher, als von ihren Kindern geliebt zu werden. Da sie uns jedoch lieben, gehen sie das Risiko ein, von uns abgelehnt zu werden, und tun, was sie für uns für das Beste halten.

Hinzu kommt, dass auch unsere Eltern das Opfer ihrer Eltern sind. Auch sie haben sehr wahrscheinlich nicht gelernt, sich zu mögen. Auch sie haben gelernt, dass es wichtiger ist, was andere von ihnen denken, als was sie von sich selbst denken. Auch sie haben gelernt, Vergleiche mit anderen anzustellen und sich minderwertig zu fühlen, wenn sie nicht so gut und erfolgreich sind wie andere. Auch sie haben gelernt, dass man ein schlechter Mensch ist, wenn man etwas Schlechtes tut. Auch sie haben einen Kritiker, der ihnen das Leben schwer macht.

Wie aber sollen unsere Eltern etwas an uns weitergeben, das sie selbst nicht gelernt haben? Das ist nicht möglich. Deshalb verbiete ich allen Eltern, sich Schuldgefühle wegen möglicher Erziehungsfehler zu machen. Auch Eltern sind Menschen und haben als solche ihre Fehler und Schwächen. Ich wage sogar zu behaupten, dass selbst Eltern, die ihre Kinder misshandeln, ihre Kinder lieben. Eltern, die ihre Kinder misshandeln, sind jedoch meist seelisch krank und gestört. Ihre seelischen Probleme machen es ihnen schwer oder unmöglich, sich ihren Kindern gegenüber liebevoll zu verhalten. Das ist keine Entschuldigung für ihr Verhalten, aber mit einem gebrochenen Bein kann man keinen Hürdenlauf machen.

Eine Patientin von mir hatte über 10 Jahre hinweg ein sehr gestörtes Verhältnis zu ihrer Tochter. Sie hatte diese mehrmals mit scharfen Gegenständen wie einer Schere verletzt und hatte sie oft scheinbar grundlos verprügelt. Warum hatte sie so reagiert? Sie berichtete mir, dass ihr Mann ihr »ein Kind gemacht hatte«, obwohl sie keine Kinder wollte. Sie hatte es ihrem Mann nie verziehen, dass er ihr ein Kind »angedreht« hatte. Sie hätte diesen nie geheiratet, wenn nicht ein Kind unterwegs gewesen wäre. Da sie glaubte, ihrer Tochter jedoch eine richtige Familie bieten zu müssen, blieb sie bei ihrem Mann. Im Grunde genommen hatte sie nichts persönlich gegen ihre Tochter. Sie sah jedoch in ihrer Tochter einen Hinderungsgrund, ihren Mann verlassen zu können. Manchmal geriet sie darüber so in Wut, dass sie sich gegen ihre Tochter wendete. Als diese Patientin ihren Hass gegenüber ihrem Mann aufgab, kam die fürsorgliche und liebevolle Mutter zum Vorschein, die sie schon immer war, aber nie hatte zeigen können.

Machen wir das Beste aus dem, was wir mitbekommen haben

Anstatt unsere Eltern und Erzieher für ihre Fehler anzuklagen, sollten wir Kinder das Beste aus dem machen, was sie uns mitgegeben haben. Wir haben die Fähigkeit, den ewigen Kritiker in uns aus unserem Leben zu verbannen. Wir müssen unsere Einstellungen, die wir uns in der Kindheit angeeignet haben, nicht bis an unser Lebensende mit uns herumschleppen. Da wir nicht mit einer geringen Selbstachtung und Selbstzweifeln auf die Welt kamen, sondern lediglich gelernt haben, schlecht von uns zu denken, können wir auch lernen, umzudenken. Wir können noch einmal eine Erziehung durchlaufen, die wir dieses Mal selbst in die Hand nehmen. Wir können die Erziehungsfehler unserer Eltern wieder ausbügeln, indem wir dem Kritiker in uns den Kampf ansagen und ihn durch einen Freund ersetzen.

Wir haben die Fähigkeit, unser Leben zum Positiven zu wenden, wenn wir die Verantwortung für uns und unser Leben übernehmen. Was meine ich damit? Die Verantwortung zu übernehmen bedeutet, dass wir aufhören, unsere Eltern oder unsere Vergangenheit für unsere Probleme verantwortlich zu machen. Für uns selbst die Verantwortung zu übernehmen bedeutet aber auch, dass wir die negativen Selbstgespräche nicht fortführen, die wir uns angeeignet haben.

Wir haben die Fähigkeit, einmal erworbene negative Selbstgespräche wieder abzulegen und durch eher positive zu ersetzen. Um dies tun zu können, müssen wir jedoch den Wunsch oder die Forderung aufgeben, die Vergangenheit ändern zu wollen oder unsere Eltern und Erzieher bestrafen zu wollen. Wir müssen lernen, ihnen zu verzeihen – trotz allem, was sie uns vielleicht angetan haben oder noch immer antun.

Stellen Sie sich einmal vor, Ihre Mutter oder Ihr Vater käme zu Ihnen und würde sagen: »Es tut mir leid, dass ich so streng zu dir war. Ich sehe ein, dass ich dich zu hart angefasst habe und dir oft wehgetan habe. Verzeih' mir bitte. Ich wollte nur dein Bestes«. Meinen Sie, diese Entschuldigung würde den Kritiker in Ihnen verstummen lassen? Nein. Ihre Eltern können den Kritiker in Ihnen nicht zum Schweigen bringen. Das können nur Sie. Der Kritiker in Ihnen wird so lange sein Unwesen treiben, wie Sie ihm das erlauben. Es gibt nur einen Menschen, der seinem unheilvollen Treiben ein Ende setzen kann – Sie selbst. Nur Sie haben die Macht und die Fähigkeit dazu.

Sie sind der Programmdirektor

Stellen Sie sich eine Fernbedienung für einen Fernseher vor. Auf Knopfdruck können Sie von einem Programm in das andere wechseln. Wenn Ihnen nicht nach einem Krimi zu Mute ist, dann können Sie sich in einem anderen Programm eine Komödie anschauen. Ja, sie können den Fernseher ganz ausschalten und sich etwas Anderem widmen.

So ähnlich ist das auch mit den Hörspielen und Filmen in Ihrem Kopf. In dem Archiv Ihres Kopfes, das manche auch Unterbewusstsein nennen, existieren viele Programme, die heute Ihr Fühlen und Handeln steuern. Diese wurden überwiegend in den ersten sieben Lebensjahren angelegt, wie etwa das Kritiker-Programm. Dieses Programm spult immer wieder die gleichen Hörspiele und Spielfilme in Ihrem Kopf ab und das so lange, bis Sie **bewusst eingreifen** und **bewusst** auf ein anderes Programm **umschalten.** Sie müssen also quasi den Autopiloten Ihres Gehirns (Ihr Unterbewusstsein) abstellen und bewusst selbst den Gedanken-Kurs bestimmen. Welches Programm gerade läuft, liegt einzig und alleine bei Ihnen. Wenn Ihnen nicht gefällt, was Sie hören oder sehen, dann können Sie bewusst ein anderes Gedanken-Programm einschalten und so auch Ihr seelisches Befinden verändern.

Ein kleines Experiment: Denken Sie bitte an einen Elefanten. Haben Sie es getan? Dann haben Sie wahrscheinlich auch das Bild eines Elefanten im Kopf, oder? Nun denken Sie an einen blauen oder rosafarbenen Elefanten. Gelingt Ihnen das? Ich vermute ja. Und wahrscheinlich sehen Sie auch einen blauen oder rosafarbenen Elefanten, richtig? Nun denken Sie an einen Affen. Beim Gedanken an einen Affen haben Sie vermutlich auch das Bild eines Affen vor Augen, oder? Und nun denken Sie wieder an den blauen Elefanten, und bei dem Gedanken daran sehen Sie vermutlich auch wieder den blauen Elefanten. Was zeigt Ihnen das? Sie können jederzeit bestimmen, woran Sie denken und welche Bilder Ihnen in den Sinn kommen.

Es gibt nur eines, über das Sie keine Kontrolle haben – zumindest im Moment noch nicht: Sie können (noch) nicht verhindern, dass sich Ihr Kritiker zu Wort meldet. Sie können dieses Programm nämlich nicht wie das Licht in Ihrer Wohnung ein für alle Mal ausschalten. Im Gegensatz zum Licht schaltet sich das Programm Ihres Kritikers von alleine wieder ein. Der Grund: Das Programm Ihres Kritikers ist eine Gewohnheit, die nach bestimmten psychologischen Spielregeln funktioniert und eine Art Eigenleben führt. So wie Sie automatisch auf die Bremse treten, wenn vor Ihrem Wagen ein Fußgänger auftaucht, so aktiviert sich Ihr Kritiker automatisch in bestimmten Situationen. Diesen Automatismus können Sie nicht bewusst abschalten. Sie können ihn nur systematisch schwächen, indem Sie jedes Mal, wenn das Kritiker-Programm anläuft, bewusst das Hörspiel Ihres Kritikers anhalten und auf das Ich-bin-in-Ordnung-Programm umschalten. Je öfter Sie das tun, umso mehr schwächen Sie das Kritiker-Programm und umso seltener aktiviert es sich automatisch.

Statt also den Schimpfkanonaden und beleidigenden Worten Ihres Kritikers zuzuhören und zustimmend zu nicken, können Sie bewusst sein Programm unterbrechen und auf ein anderes Hörspiel umschalten. Sie haben die Kontrolle über Ihr Denken und Ihre Gefühle. Sie sind der Programmdirektor, und als solcher entscheiden Sie alleine darüber, welche Filme Sie sich anschauen und welchen Hörspielen Sie lauschen.

Indem wir also heute beginnen, dem Kritiker in uns nicht mehr alles unbesehen abzunehmen, indem wir nicht mehr auf ihn hören, weil wir erkennen, dass er uns nur schadet, können wir unserem Leben und unserem Schicksal eine andere Wende geben. Natürlich genügt es nicht, sich lediglich dafür zu entscheiden, anders von sich zu denken. Die Entscheidung, anders mit sich umzugehen, ist nur der erste Schritt. Der nächste

Schritt, der weitaus schwieriger ist, besteht darin, auch danach zu handeln, und hier scheitern viele Menschen, da sie die Macht der Gewohnheit unterschätzen. Nur indem wir wachsam sind, uns genau beobachten und unser selbstschädigendes Verhalten immer dann, wenn es auftritt, korrigieren, können wir ein eingefahrenes Verhalten ablegen.

Gleichgültig, wie alt Sie sind und welche Vergangenheit Sie hatten, Sie haben die Kraft und Fähigkeit, Ihr Leben zum Besseren zu wenden. Sie müssen kein Sklave Ihrer Vergangenheit sein. Sie können die Fesseln der Vergangenheit abstreifen und die Programmierungen Ihrer Kindheit durch neue Programme ersetzen. Solange Sie leben, können Sie wachsen und sich verändern.

Die nachfolgenden Übungen sind ein erster großer Schritt dahin. Machen Sie diese deshalb bitte gewissenhaft. Es geht um Ihre Zukunft und Ihr Glück. Sind Sie bereit, sich für eine bessere Zukunft einzusetzen?

Übungen

1. Was Sie über sich gelernt haben

Die folgende Übung soll Ihnen helfen, sich darüber klar zu werden, welchen Einfluss Ihre Eltern, Gleichaltrige und andere wichtige Personen auf Ihr Denken und Fühlen hatten. Diese Übung ist auch eine Vorbereitung für spätere Übungen, mit deren Hilfe Sie lernen können, Ihr Selbstwertgefühl zu steigern.

Notieren Sie sich all die negativen Dinge, die Sie über sich von Ihren Eltern, Lehrern, Gleichaltrigen oder anderen gehört haben. Machen Sie eine Liste von all den Demütigungen, die Sie als Kind und Jugendlicher erfahren haben. Notieren Sie häufige Bemerkungen, die Ihre Eltern über Sie gemacht haben. Tragen Sie diese in Ihr Arbeitsheft ein, das Sie sich angelegt haben. Das haben Sie doch, oder? Wenn nicht, dann ist es nun höchste Zeit dafür. Lesen Sie, woran Hans-Peter sich erinnerte:

»Mit dir hat man nur Scherereien«.
»Du wirst nie vernünftig«.
»Du wirst bei der Müllabfuhr landen, wenn du nicht lernst«.
»Du wirst es nie zu etwas bringen«.
»Warum kannst du nicht wie andere Jungs sein?«
»Mit dir muss man sich schämen.«
»Du machst nur Unfug.«

2. Hören Sie Ihrem Kritiker zu

Damit Sie Ihren Kritiker entwaffnen und ihn zum Schweigen bringen können, müssen Sie zunächst einmal wissen, was er Ihnen alles so an den Kopf wirft. Sie müssen ihm genau zuhören und sich bewusst werden, welche Vorwürfe er gegen Sie erhebt. Wenn Sie in der Lage sind, seine Worte und Vorwürfe zu hören, dann sind Sie schon einen riesigen Schritt weiter. Der Kritiker in Ihnen kann nämlich nur deshalb sein Unwesen treiben, weil er oft im Verborgenen und Geheimen arbeitet. Sobald Sie ihn entlarvt und entdeckt haben, hat er einen kleinen Teil seiner Macht eingebüßt.

Anfänglich wird es Ihnen wahrscheinlich schwer fallen, ihn bei seinem zerstörerischen Treiben zu ertappen. Seine Kommentare und seine Kritik laufen nämlich oft so schnell ab, dass Sie in dem Glauben sind, er habe sich gar nicht zu Wort gemeldet. Sie fühlen sich lediglich schlecht oder haben ein schlechtes Gewissen. Ein manches Mal meldet er sich mit einem ganzen Satz zu Wort. Er sagt dann vielleicht: »Du bist und bleibst ein Versager«. Ein anderes Mal wirft er nur ein einziges Wort in den Raum wie z. B. »Versager«. Dieses eine Wort löst jedoch in Ihnen die Erinnerung an viele Situationen aus, in denen z. B. Ihr Vater oder Ihre Mutter dieses Wort auch gebraucht haben, und Sie fühlen sich genauso mies wie damals. Manchmal lässt er in Ihnen auch nur eine alte Vorstellung oder ein Bild von einer für Sie negativen Situation aufkommen, um Ihr Selbstwertgefühl anzugreifen.

Da er sehr schnell und ein Meister seines Faches ist, müssen Sie sehr wachsam sein, um ihn zu ertappen. Deshalb empfehle ich Ihnen zunächst einmal, sich nur darauf zu konzentrieren, **wie häufig** er sich zu Wort meldet. Dies wird vor allem dann der Fall sein, wenn Sie einen Fehler gemacht haben, wenn Sie von anderen kritisiert werden, wenn Sie den Eindruck haben, dass jemand Sie nicht leiden kann, wenn Sie mit fremden Menschen, Ihren Eltern oder Autoritätspersonen zusammen sind. Wenn Sie deprimiert sind, dann können Sie sicher sein, dass Ihr Kritiker am Werk ist. Die häufigste Ursache des Deprimiertseins ist nämlich die Selbstabwertung.

a) Achten Sie zwei Tage lang (mindestens!) sehr genau darauf, **wie oft** sich Ihr Kritiker zu Wort meldet. Notieren Sie also, wie häufig er Sie an diesem Tag fertig gemacht und heruntergeputzt hat. Sie werden erstaunt, ja vielleicht sogar entsetzt sein, wie häufig das der Fall ist. Es geht also zunächst nicht darum, was er Ihnen sagt, sondern nur, wie häufig Sie ihn hören. Führen Sie eine Strichliste, die Sie immer bei sich tragen.

Als Sybille bewusst darauf achtete, wie häufig sich ihr Kritiker zu Wort meldete, bekam sie einen riesigen Schrecken. An zwei Tagen hatte sie über 250 Striche auf ihrem Zettel. Dies machte ihr zum ersten Mal so richtig bewusst, wie häufig sie sich negative Dinge sagte, und das spornte sie mächtig an, etwas dagegen zu tun.

b) Nach diesen zwei Tagen notieren Sie sich bitte eine Woche lang – jawohl eine Woche lang – jeden Tag die Vorwürfe, die Ihnen Ihr Kritiker macht. Schreiben Sie diese in Ihr Arbeitsheft.

Peter brachte folgende Liste mit in die Therapie:
»Du bist und bleibst ein Versager.«
»Du wirst es nie zu etwas bringen.«
»Immer machst du alles falsch.«
»Du bist an allem schuld.«
»Du baust nur Mist.«
»Idiot.«
»Arschloch.«
»Wie kann man nur so blöd sein.«
»Das schaffst du doch nicht.«
»Was du anpackst, geht daneben.«
»Feigling.«
»Du redest nur dummes Zeug.«
»Alle sehen dir an, dass du ein Versager bist.«
»Du bist unmöglich.«
»Du bist nichts wert.«
»Du machst dich immer nur lächerlich.″
»Du taugst zu nichts.«

Möglicherweise sträubt sich alles in Ihnen, sich so bewusst mit Ihrem Kritiker auseinander zu setzen. Sie befürchten, dass es Ihnen dann noch schlechter gehen wird. Ihre Befürchtung ist verständlich und berechtigt. Dennoch sehe ich keinen anderen

Weg, wie Sie sich von Ihrem Kritiker trennen wollen, wenn Sie ihm nicht ins Auge schauen. Erst wenn Sie seine Vorwürfe und Anschuldigungen Wort für Wort kennen, sind Sie auch in der Lage, etwas gegen ihn zu unternehmen. Also ran an den Feind!

3. Schließen Sie Frieden mit Ihren Eltern

Für viele meiner Patienten ist es unvorstellbar, ihren Eltern zu verzeihen. Sie hegen gegenüber ihren Eltern so viel Groll und Hass, dass sie diesen »Übeltätern« nicht verzeihen wollen. Sie wollen sie hassen. Ich glaube, der Grund dafür, dass sie ihren Hass nicht aufgeben möchten, ist der, dass sie dann die Verantwortung für sich selbst hätten. Sie hätten dann niemanden mehr, den sie für ihre Probleme verantwortlich machen könnten. Sie brauchen sozusagen den Hass auf ihre Eltern, um sich vor der Verantwortung zu drücken, sich selbst und ihre Denkweise zu ändern. Seine Eltern anzuklagen und mit ihnen in Unfrieden zu leben ist ein Weg, um sich vor der Verantwortung für das eigene Leben zu drücken. Andere zu hassen ist ein scheinbar bequemer Weg, um immer wieder einen Schuldigen zu haben, wenn es einem schlecht geht. Würden sie ihren Hass aufgeben, dann hätten sie niemanden mehr, den sie für ihr Unglücklichsein verantwortlich machen könnten, und sie müssten selbst etwas dafür tun, dass es ihnen besser geht. Natürlich ist das eine Milchmädchenrechnung. Nicht nur, dass Groll und Hass das eigene Leben vergiften, man wird auch immer wieder in die gleichen Probleme mit seinen Mitmenschen rennen und verbaut sich die Möglichkeit, sich selbst zu entfalten.

Wenn wir nicht lernen, unseren Eltern zu verzeihen, dann leben wir nicht nur mit unseren Eltern im Unfrieden, sondern auch mit vielen anderen Menschen, die unseren Eltern ähnlich sind. Wenn wir mit unserem Chef nicht klarkommen, dann liegt das vielleicht daran, dass dieser Eigenschaften hat, die auch unser Vater hatte und die wir nicht ausstehen konnten. Wenn wir uns mit unserem Partner streiten, dann liegt das vielleicht daran, dass dieser Eigenschaften hat, wie sie auch unsere Mutter hatte. Wir begegnen unseren »Eltern« Tag für Tag im Geschäft und im Privatleben. Solange wir nicht mit unseren Eltern Frieden geschlossen haben, können wir auch nicht mit anderen in Frieden leben, die unseren Eltern ähnlich sind.

Nun ist es leicht gesagt, man solle seinen Eltern verzeihen. Das kann jedoch ein ganz schön harter Brocken sein. Beginnen Sie damit, Ihre Eltern ein wenig objektiver zu sehen. Danken Sie Ihren Eltern für das, was sie Ihnen Gutes getan haben. Ihre Eltern hatten nicht nur schlechte Seiten. Sie waren manchmal auch fürsorglich und liebevoll. Sie haben Ihnen auch Gutes getan. Ich möchte, dass Sie sich überlegen, was Ihre Eltern für Sie Gutes getan haben. Mit anderen Worten: Wofür könnten Sie, wenn Sie wollten, Ihren Eltern dankbar sein? Als kleinen Anhaltspunkt möchte ich Ihnen die Zeilen von Magdalene vorstellen, einer 25-jährigen Patientin von mir:

»Liebe Mama. Du warst oft sehr ungeduldig und warst selten mit dem zufrieden, was ich gemacht habe. Du hast für mich selten ein gutes Wort übrig gehabt, vielleicht, weil du Angst hattest, ich würde überheblich werden, oder aber, weil du von deiner Mutter auch nie viel Gutes über dich gehört hast. Andererseits hast du dich immer sehr liebevoll um mich gekümmert, wenn ich krank war Du hast mir oft mein Lieblingsessen gekocht, und ich durfte mir die Kleider kaufen, die mir gefielen. Als ich das Gymnasium verlassen wollte, hast du darauf bestanden, dass ich mein Abitur mache. Darüber bin ich heute

sehr froh. Ich danke dir für all das. Du hast dein Bestes gegeben.«

Nehmen Sie sich Zeit – viel Zeit. Überlegen Sie, was Sie Ihrem Vater und Ihrer Mutter zugute halten können. Schreiben Sie es auf – das ist wichtig. Überlegen Sie so lange, bis Sie (wenigstens!) 5 Pluspunkte gefunden haben, die Sie Ihren Eltern gutschreiben können. Lesen Sie diese Liste immer wieder mal durch oder halten sich die Pluspunkte vor allem in jenen Momenten vor Augen, in denen Sie einen Hass auf Ihre Eltern verspüren.

Zusammenfassung

1. Wir kommen nicht mit einem negativen Selbstwertgefühl auf die Welt. Wir lernen als Kinder, uns und unser Verhalten zu beurteilen. Sind wir nicht so, wie man uns beigebracht hat, dass wir sein sollten, dann meldet sich der Kritiker in uns zu Wort und greift uns an. Unser Kritiker behandelt uns heute so, wie wir früher von unseren Eltern und anderen wichtigen Personen behandelt wurden.
2. Da der Kritiker in uns lediglich anerzogen ist, können wir ihn auch zum Schweigen bringen und an seine Stelle einen Freund setzen.
3. Unsere Eltern wollten für uns nur das Beste. Sie hatten uns sehr gerne und wollten, dass aus uns etwas wird. Unsere Eltern waren jedoch nicht perfekt. Sie hatten auch Eltern, von denen sie viel Negatives mitbekommen haben, das ihnen das Leben schwer machte und das es ihnen unmöglich machte, sich anders uns gegenüber zu verhalten.

Was möchte ich mir von diesem Kapitel merken?

1. ....

2. ....

3. ....

4. ....

5. ....

Entscheidend ist nicht,
was unsere Erziehung
aus uns gemacht hat.

Es kommt darauf an,
was wir aus dem machen,
was wir mitbekommen
haben.

6
Was ist die Wahrheit über Sie?

Würden Sie von sich sagen, dass Sie ein wahrheitsliebender Mensch sind? Ist es Ihnen zuwider, von anderen belogen zu werden? Wenn ja, dann ist nun die Stunde der Wahrheit gekommen. In diesem und den nächsten Kapiteln wird es sich zeigen, ob Sie es ernst damit meinen oder ob das nur ein Lippenbekenntnis von Ihnen ist.

Sie wissen aus den vorangegangenen Kapiteln, dass Ihr Denken darüber entscheidet, wie Sie sich fühlen und verhalten. Wenn Sie sich von Gefühlen der Minderwertigkeit und Wertlosigkeit befreien und Ihr Selbstvertrauen steigern möchten, dann müssen Sie lernen, anders über sich zu denken. Dabei gibt es jedoch ein handfestes Problem. Das Problem besteht darin, dass Sie im Moment felsenfest davon überzeugt sind, dass Ihr Kritiker mit dem, was er sagt, Recht hat. Sie sind davon überzeugt, dass Ihr Kritiker Sie völlig zu Recht verurteilt und demoralisiert. Sie glauben Ihrem Kritiker und zweifeln nicht im geringsten an seinen Worten. Richtig?

Woran liegt das? Die Antwort lautet: Sie zweifeln nicht an seinen Worten, weil Sie seine Worte von Ihren Eltern so oft gehört haben, dass Sie ihnen Glauben schenkten. Deshalb und aus keinem anderen Grund haben die Worte Ihres Kritikers für Sie eine so hohe Glaubwürdigkeit.

Ich erinnere mich gut an Hartmut, einen 35-jährigen Patienten von mir, der von sich behauptete, er habe einen abnormalen Hinterkopf, da er sehr viel flacher sei als der anderer Menschen. Da sein Hinterkopf abnormal flach sei, schlussfolgerte Hartmut, müsse er als Mensch abnormal und minderwertig sein. Die Folge waren Depressionen bis hin zu Selbstmordgedanken. Ich konnte an seinem Hinterkopf nichts Auffälliges feststellen. Für mich war sein Hinterkopf genauso wie der anderer Menschen auch. Hartmut ließ sich jedoch von mir durch nichts davon abbringen, dass er 1. einen zu flachen Hinterkopf habe und 2. deshalb minderwertig sei. Auf meine Frage, wie er dazu komme, so von sich zu denken, erzählte er mir folgende Geschichte: Im Alter von etwa 6 Jahren habe er unbemerkt ein Gespräch seiner Eltern mitgehört, in dem diese die Bemerkung machten, ihr Sohn komme hinsichtlich seines Äußeren so gar nicht nach ihnen oder den Verwandten. Irgendwie schlage er aus der Reihe. Daraufhin schaute sich Hartmut Bilder von seinen Verwandten an und kam zu dem Schluss: »Die Eltern haben Recht. Ich sehe gar niemandem ähnlich. Ich bin ganz anders als die anderen«. Und er folgerte daraus: »Etwas muss mit mir nicht stimmen. Ich bin abnormal und minderwertig«. Diese Schlussfolgerung sah er fortan als Wahrheit über sich an. Niemals in den 30 Jahren hatte er daran gezweifelt, dass dem so sei. Für ihn stand absolut und unumstößlich fest, dass er abnormal und minderwertig ist, und all die anderen, die das Gegenteil behaupteten, wollten ihm nur nicht wehtun oder trauten sich nicht, ihm die Wahrheit – seine Wahrheit – zu sagen.

Sind wir erst einmal felsenfest von etwas überzeugt – beispielsweise, dass wir hässlich, zu dick, nicht liebenswert oder minderwertig sind –, dann lassen wir uns von anderen davon kaum abbringen. Behauptet jemand das Gegenteil von dem, was wir glauben, dann kaufen wir ihm das nicht ab. Wir unterstellen ihm, dass er uns mit seinem positiven Bild von uns nur schmeicheln will, dass er sich nicht getraut, uns offen und ehrlich zu sagen, wie er uns wirklich sieht, dass er uns nur Honig um den Mund schmieren will, weil er etwas von uns will, dass er aus Höflichkeit und Taktgefühl mit der Wahrheit hinterm Berg hält oder dass er uns nicht verletzen oder wehtun möchte. Unser Kritiker (er)findet hunderterlei Gründe und Ausflüchte, um bei seiner Wahrheit – der einzig richtigen, wie wir glauben – bleiben zu können. Durch diese Ausflüchte macht er uns immun gegen andere Meinungen und zementiert seine eigenen.

Christian beispielsweise war felsenfest davon überzeugt, er sei dumm und habe nicht das Zeug zu einem guten Verkäufer – und dies trotz seiner beachtlichen Verkaufserfolge und der Tatsache, dass er zwei Jahre hintereinander zum erfolgreichsten Verkäufer des Unternehmens gekürt worden war. Wie ist es möglich, dass Christian trotz seines objektiven Erfolges daran festhielt, ein schlechter Verkäufer und dumm zu sein? Sein Kritiker benutzte einen einfachen, aber wirkungsvollen Trick. Nach jedem erfolgreichen Geschäftsabschluss redete dieser ihm ein: »Das war Zufall. Jeder andere hätte das auch hinbekommen«. Dem Zufall war es also zu verdanken, dass er das Geschäft tätigte – und nicht ihm und seiner Tüchtigkeit. Aber Christians Kritiker hatte noch andere Tricks auf Lager, um sein Licht ständig unter den Scheffel zu stellen. Sein Chef sagte ihm sehr häufig, dass er sehr tüchtig sei und dass er froh sei, ihn in seiner Truppe zu haben. Doch auch die Worte des Chefs konnten Christians Kritiker nicht von seiner negativen Meinung abbringen. Wenn sein Chef ihn lobte, hörte Christian seinen Kritiker sagen: »Der hat wohl wieder ein Seminar besucht, in dem er gelernt hat, wie man seine Mitarbeiter motiviert«. Oder aber der Kritiker wertete den Chef und seine Kompetenz ab, indem er sagte: »Wenn der so von dir denkt, dann kann es mit seiner Erfahrung und seiner Kompetenz nicht weit her sein, sonst würde er sehen, dass du eine Niete bist«. Oder er redete Christian ein: »Du musst ein ziemlich guter Schauspieler sein, dass dein Chef nicht merkt, wie schlecht du bist. Wer weiß, wie lange er braucht, um dir auf die Schliche zu kommen, und bis er merkt, dass mit dir nichts los ist«.

Christian ist ein typisches Beispiel für einen Menschen, der felsenfest davon überzeugt ist, dass sein Kritiker die Wahrheit über ihn kennt – nämlich, dass er unfähig ist, – und an dieser Wahrheit festhält, gleichgültig, was auch passiert und was andere auch über ihn sagen. Christians Kritiker hat ein perfektes gedankliches Abwehrsystem entwickelt, um Lob von anderen nicht annehmen zu müssen und um die objektiven Erfolge nicht sich selbst zuschreiben zu müssen.

Sind Sie bereit, die negative Meinung, die Ihr Kritiker von Ihnen hat, in Frage zu stellen? Dann lesen Sie bitte weiter. Wenn Sie Ihr Selbstwertgefühl und damit Ihr Selbstvertrauen steigern möchten, dann müssen Sie bereit sein, die Meinung, die Ihr Kritiker von Ihnen hat, infrage zu stellen. Sie müssen sich die Chance geben, eine andere »Wahrheit« über sich herauszufinden. Stellen Sie sich vor, Sie stünden vor Gericht und müssten dem Richter beweisen, dass Ihr Kritiker mit seiner Meinung von Ihnen Recht hat. Welche objektiven und unanfechtbaren Beweise könnten Sie dem Richter geben? Ich wette, keinen einzigen! Sie könnten nur damit argumentieren, dass Sie sich eben minderwertig oder hässlich vorkommen. Dies wäre jedoch kein Beweis dafür, dass Sie tatsächlich minderwertig oder hässlich sind. Dies wäre nur ein Beweis dafür, dass Sie Ihrem Kritiker glauben, der behauptet, Sie seien minderwertig oder hässlich, und weil Sie ihm glauben, fühlen Sie sich auch entsprechend. Sie hätten jedoch keine Beweise dafür, dass Ihre Einstellung, dass Sie minderwertig sind, eine Tatsache ist. Sicherlich, Ihr Kritiker würde eine Menge »Beweise« anführen, die in seinen Augen seine schlechte Meinung von Ihnen rechtfertigen. Er würde vielleicht sagen, dass Sie es im Leben nicht so weit gebracht haben wie andere, dass Sie noch nicht einmal Auto fahren können, dass Sie zu dick sind, dass Sie nur einen Hauptschulabschluss haben, dass Sie Fehler bei Ihrer Arbeit machen, dass Sie vergesslich und unordentlich sind, dass Sie kein so guter Verkäufer sind wie Ihre Kollegen, dass Sie keine Freunde haben, und, und …

Wenn Sie der Richter jedoch fragen würde, welche Beweise Sie dafür haben, dass Sie deshalb minderwertig sind, dann wären Sie mit Ihrem Latein am Ende. Und auch Ihr Kritiker könnte keine stichhaltigen Beweise liefern. Und wissen Sie auch, warum? Weil all die angeblichen »Beweise« Ihres Kritikers keine sind. Seine Schlussfolgerungen und Urteile sind haltlos und falsch! Es gibt keine Beweise dafür, dass Sie minderwertig sind, nur weil Sie nicht Auto fahren können oder Fehler bei Ihrer Arbeit machen. Es gibt keine Beweise dafür, dass Sie hässlich sind, weil Sie Fältchen im Gesicht oder ein paar Pfund zuviel an der falschen Stelle haben. Gleichgültig, wie stark und untrügerisch Ihre Minderwertigkeitsgefühle auch sein mögen, sie sind kein Beweis dafür, dass Sie tatsächlich minderwertig sind. Ihre schlechten Gefühle sind lediglich der Beweis dafür, dass Sie den Worten Ihres Kritikers Glauben schenken. Dieser unerschütterliche Glaube ist jedoch ein Irrglaube, eine Fehleinschätzung Ihrer Person. Wenn Sie aufhören, weiterhin Ihrem

Kritiker Glauben zu schenken, seine Worte anzweifeln und ihm widersprechen, dann wird sich auch Ihr Gefühl ändern. Dies verspreche ich Ihnen. Sie glauben mir nicht? Warum probieren Sie es nicht aus? Warum finden Sie nicht selbst heraus, ob ich oder Sie Recht haben? Sie haben nichts zu verlieren, aber viel zu gewinnen. Richtig?

Damit es Ihnen leichter fällt, an den Worten Ihres Kritikers zu zweifeln, und Sie diese infrage stellen können, habe ich für Sie im nächsten Kapitel die Tricks angeführt, mit denen er arbeitet, und durch die er es immer wieder schafft, Sie mit dem Gefühl der Unzulänglichkeit und Wertlosigkeit zurückzulassen.

Zusammenfassung

1. Wenn wir von etwas fest überzeugt sind, dann lassen wir uns davon nur schwer abbringen.
2. Wenn Sie Ihr Selbstwertgefühl und Ihr Selbstvertrauen steigern möchten, dann müssen Sie bereit sein, die Worte Ihres Kritikers infrage zu stellen.
3. Sie können keine objektiven Beweise dafür anführen, dass Ihr Kritiker Recht hat, wenn er Ihnen suggeriert, dass Sie minderwertig sind.

Was möchte ich mir von diesem Kapitel merken?

1. ....

2. ....

3. ....

4. ....

5. ....

Kein Urteil hat weitreichendere Folgen als das, das wir über uns selbst fällen.

Deshalb ist es wichtig, dass Sie die Wahrheit über sich kennen und akzeptieren.

7
Die Tricks unseres Kritikers

Die Waffen, die Ihr Kritiker benutzt, um Ihr Selbstvertrauen und Ihr Selbstwertgefühl zu untergraben, sind relativ einfach zu durchschauen. Seine größte Waffe ist das verzerrte Denken. Das hört sich vielleicht kompliziert an, aber keine Sorge, Sie werden gleich verstehen, was ich damit meine.

Unser Kritiker – ein Meister der Lüge

Minderwertigkeitsgefühle entstehen nie durch Tatsachen wie abstehende Ohren, eine nicht bestandene Prüfung, dicke Oberschenkel oder einen Fehler bei der Arbeit. Schon vor 2000 Jahren sagte Epiktet: »Es sind nicht die Dinge, die uns beunruhigen, sondern unsere Sicht der Dinge«. Minderwertigkeitsgefühle entstehen nur durch eine unangemessene Sicht von Tatsachen, nämlich durch das verzerrte Denken unseres Kritikers.

Unter verzerrtem Denken verstehe ich eine Denkweise, die nicht der Wahrheit oder der Wirklichkeit entspricht. Was meine ich damit? Lassen Sie uns ein Beispiel anschauen. Nehmen wir an, Sie sind ein Mann und haben eine Glatze. Ihr Kritiker sagt Ihnen: »Du siehst furchtbar aus. Wer will schon jemanden wie dich. Du bist nicht männlich. Jeder macht sich über dich lächerlich. Ohne Haare bist du unattraktiv.« Entsprechen die Worte des Kritikers den Tatsachen? Nein! Er nimmt die Tatsache, dass Sie eine Glatze haben, und macht daraus eine Katastrophe. Wer sonst sagt noch, dass Sie furchtbar aussehen? Wer macht sich über Sie lustig? Und selbst wenn jemand findet, dass Sie mit Ihrer Glatze furchtbar und lächerlich aussehen, wer sagt, dass der andere Recht damit hat? Wer von Ihren Bekannten und Freunden hat sich von Ihnen zurückgezogen, seitdem Sie eine Glatze haben? Sehr wahrscheinlich kein einziger! Ihr Kritiker erfindet dieses Schauermärchen nur aus einem einzigen Grund: um Ihr Selbstvertrauen und Ihr Selbstwertgefühl zu zerstören. Objektiv betrachtet sind Sie ein Mensch mit einer Glatze, nicht mehr und nicht weniger. Diese Tatsache teilen Sie mit Hunderttausenden anderer Menschen – auch mit mir.

Ihr Kritiker ist ein notorischer Lügner. Ja, Sie haben richtig gelesen. Die größte Waffe Ihres Kritikers ist, Sie anzulügen. Wenn Sie seine Worte permanent anzweifeln, dann schwächen Sie seinen Einfluss auf Ihre Gefühle. Ihr Kritiker meldet sich nicht immer mit ganzen Sätzen wie »Du bist ein Versager« zu Wort. Er wirft Ihnen oft einfach nur ein Wort an den Kopf wie »Versager« oder »dumm« oder »faul«. Jedes dieser Worte löst in Ihnen jedoch eine Menge Erinnerungen an Vorfälle aus, in denen Ihre Eltern oder andere Menschen Sie als dumm, faul oder Versager bezeichneten. Manchmal lässt Ihr Kritiker in Ihnen auch einen Film von vergangenen Situationen ablaufen, in denen Sie schlecht abgeschnitten haben oder sich minderwertig fühlten. Sie sehen sich, wie Sie sich einmal furchtbar blamiert haben, wie Sie sich daneben benommen haben und ausgelacht wurden, usw. Jeder von uns hat schmerzliche und peinliche Erinnerungen an Situationen, in denen wir uns durch die Worte und das Verhalten eines anderen nicht für voll genommen fühlten. Solche Situationen wärmt unser Kritiker gerne immer wieder auf.

Lesen Sie also bitte die folgenden Seiten besonders aufmerksam. Sie erfahren, welche Lügen er Ihnen immer wieder auftischt, und wie Sie diese Lügengeschichten, die er über Sie verbreitet, entlarven können. Und schließlich möchte ich Ihnen zeigen, wie Sie Ihren Kritiker entwaffnen und ihn seiner Macht berauben können. Das Mittel der Wahl ist die Widerrede. Wenn Sie ihn bei einer Lüge ertappen, dann müssen Sie ihm zu verstehen geben, dass Sie ihn durchschauen, und müssen seine Lügen richtig stellen. Wenn Sie ihm sagen, dass seine Tage gezählt sind und Sie ihm nicht mehr erlauben werden, über Sie so ungerechte und harte Urteile zu fällen, dann werden Sie ihn mit der Zeit mundtot machen. Sind Sie bereit, Ihrem Kritiker den Kampf anzusagen? Dann lassen Sie uns beginnen.

Die Merkmale verzerrten Denkens

Es gibt verschiedene Arten dieses verzerrten Denkens, die ich Ihnen im Folgenden vorstellen möchte.

1. Alles-oder-Nichts-Denken

Ihr Kritiker liebt es über alles, in Extremen zu denken. Für ihn ist etwas entweder gut oder schlecht, schön oder hässlich, wertvoll oder wertlos, schwarz oder weiß. Er kennt das Wort

Mittelmaß oder Durchschnitt nicht. Für ihn besteht die Welt nur aus Extremen ohne jegliche Grautöne oder Farben. Für ihn sind Sie entweder ein Heiliger oder der Satan in Person, entweder ein Versager oder ein Sieger, ein Held oder eine Memme, eine Schönheit oder ein Fehlgriff der Natur. In seinen Augen haben Sie entweder einen athletischen Körperbau oder sehen wie ein Hefeteig aus, sehen entweder jugendlich oder uralt aus, sind entweder modisch gekleidet oder total altmodisch. Ihr Kritiker kennt also nur gut und böse, und er beurteilt Ihr Verhalten und Ihre Eigenschaften nur in diesen beiden Extremen. Für ihn gibt es quasi kein lauwarmes Wasser, sondern nur kaltes und heißes Wasser; keinen zweiten oder dritten Platz, sondern nur einen ersten und letzten Platz.

Wenn Sie eine falsche Entscheidung treffen, dann bezeichnet er Sie als Versager, ohne Rücksicht darauf, wie viele richtige Entscheidungen Sie in der Vergangenheit getroffen haben. Er will Ihnen weismachen, dass es nur einen richtigen Weg gibt, eine Sache anzupacken und zu erledigen. Wählen Sie einen anderen Weg, dann kann dieser nur falsch sein. Er redet Ihnen ein: »Entweder du bestehst die Prüfung oder deine Zukunft ist ruiniert«, »Entweder du bekommst diesen Job oder du bekommst nie mehr einen«, »Wenn du dieses Mal versagst, dann wirst du es nie zu etwas bringen«, »Du hast nur diese eine Chance. Wenn du sie nicht nutzt, dann kannst du dich gleich begraben lassen«, »Du hast nur einen Anlauf. Wenn du die Sache verpatzt, dann wirst du nie mehr eine solche Chance bekommen«. Er will Ihnen also suggerieren, dass es um alles oder nichts, um Leben und Tod geht.

Da wir Menschen nicht perfekt sind und deshalb häufig Fehler machen, hat unser Kritiker viele Gelegenheiten, uns als Versager hinzustellen. Andererseits versetzt uns unser Kritiker durch seine Schwarzweiß-Malerei in große Angst. Er lässt ein Panikorchester aufspielen, das Ihnen in den allerschrillsten Tönen die Katastrophe ausmalt, in die Sie geraten werden, wenn Sie versagen. Wenn wir ihm glauben, dass es nur einen richtigen Weg gibt, eine Sache anzupacken, oder dass wir nur einen Versuch haben, dass es also um alles oder nichts geht, dann geraten wir in große Bedrängnis, da wir wissen, dass wir nicht unfehlbar sind. Je größer unsere Angst jedoch ist, auf der Verliererseite zu stehen, umso wahrscheinlicher ist es, dass wir versagen. Aus lauter Angst, das Falsche zu tun oder zu versagen, sind wir so nervös und unkonzentriert, dass wir erst recht einen Fehler machen.

Das Alles-oder-Nichts-Denken unseres Kritikers ist ein guter Trick, um in uns kein gutes Selbstwertgefühl aufkommen zu lassen und uns ständig in der Angst leben zu lassen, dass wir schon morgen auf der Verliererseite des Lebens stehen könnten und dann keine Chance mehr hätten, auf die Gewinnerseite zu gelangen. Diese Art des verzerrten Denkens lässt sich sehr schön an einem Beispiel verdeutlichen, das der amerikanische Psychologe Tom Miller das 100-Cent-Spiel nennt. In diesem Spiel sind Sie nur dann ein wertvoller Mensch, wenn Sie stets 100 Cent bei sich tragen. Sobald Sie auch nur einen Cent weniger in der Tasche haben, sind Sie ein minderwertiger und wertloser Mensch. Was ist die Folge davon? Sie versuchen krampfhaft, immer 100 Cent bei sich zu tragen, und tun alles, dass Ihnen das gelingt. Selbst aber wenn Sie die 100 Cent haben, kommen Sie nicht zur Ruhe. Sie müssen nämlich befürchten, dass Sie diese oder einen Teil davon verlieren. Sie leben also ständig in der Angst, eines Tages einen Cent zu verlieren. So haben Sie keine Chance, ruhig und in Frieden leben zu können. Haben Sie weniger als 100 Cent in der Tasche, dann fühlen Sie sich minderwertig und leben in der Angst, dass sich nie etwas an dieser Situation ändert, und haben Sie diese Summe endlich zusammen, dann leben Sie in der Angst, sie wieder verlieren zu können. Diese 100 Cent stehen für die Ideale und Forderungen, die Ihr Kritiker an Sie hat. Wenn etwas nicht perfekt ist, Sie also weniger als 100 Cent in der Tasche haben, dann fühlen Sie sich minderwertig. Machen Sie Ihre Sache gut, dann müssen Sie befürchten, beim nächsten Mal zu versagen.

2. Übertriebene Verallgemeinerung

Einmal Pech und Sie werden immer Pech haben, einmal versagen und Sie werden immer versagen. Diese Strategie unseres Kritikers ist sehr wirksam, um uns daran zu hindern, einen zweiten oder dritten Versuch zu unternehmen. Er nimmt ein Ereignis oder ein Verhalten von Ihnen zum Anlass, um daraus quasi eine allgemein gültige Regel abzuleiten, die für alle Zukunft Gültigkeit haben soll.

Wenn Sie von einer Frau einen Korb bekommen haben, dann will er Ihnen einreden, dass Ihnen das bei allen anderen Frauen auch passieren wird, und dass es deshalb überhaupt keinen Sinn hat, auf andere Frauen zuzugehen. Wenn Sie sich um eine Stelle beworben haben und nicht genommen wurden, dann versucht er Ihnen einzureden, dass Sie nie eine Stelle bekommen werden. Wenn Sie etwas vergessen, dann will er Ihnen weismachen, dass Sie immer alles vergessen. Wenn Ihnen jemand sagt, dass er Ihr Verhalten seltsam oder merkwürdig findet, dann behauptet Ihr Kritiker, dass dies kein Einzelfall sei und jeder so über Sie denken würde. Wenn Sie wegen zu hoher Geschwindigkeit einen Strafzettel bekommen, dann sagt Ihr Kritiker, dass nur Ihnen so etwas passiert und nur Sie wieder mal der Dumme sind. Alle anderen, will er Ihnen vormachen, kommen ungeschoren davon. Wenn Sie in Ihrem Gesicht einen Pickel entdecken, dann gibt er Ihnen das Gefühl, dass dieser Pickel aus Ihnen ein hässliches und unattraktives Entlein macht.

Solche pauschalen und verallgemeinernden Urteile fällt Ihr Kritiker über Sie, Ihr Äußeres, Ihre Beziehungen, Ihr Verhalten und andere Aspekte Ihres Lebens. »Dein Leben ist ein einziges Desaster«, »Du machst nur Mist«, »Dein Haushalt ist ein einziges Chaos«.

3. Eingeengte Wahrnehmung

Eine besonders raffinierte Strategie Ihres Kritikers besteht darin, Ihr Augenmerk auf ganz bestimmte Dinge zu lenken und Ihren Blick für andere Dinge zu verschließen. Es geht Ihnen dann wie jenen blinden Menschen, die einen Elefanten betasteten. Derjenige, der die Beine des Elefanten betastete, sagte, der Elefant habe die Form einer dicken Säule. Derjenige, der den Rüssel betastete, behauptete, der Elefant habe die Form eines langen Schlauches. Jeder dieser blinden Menschen glaubte, den Elefanten richtig zu beschreiben, und doch hatte jeder von ihnen nur einen Teil des Elefanten beschrieben.

So verfährt auch Ihr Kritiker. Er macht Sie blind für die anderen (positiven) Seiten und Eigenschaften Ihrer Person. Er richtet Ihr Augenmerk auf ein winziges Detail und will Ihnen vorgaukeln, das seien Sie. In seiner Eigenschaft als Kritiker pickt er sich natürlich immer nur die schlechten Seiten Ihrer Person heraus und niemals die guten Seiten. Ihr Kritiker konzentriert sich nur auf die Nachteile, die Schattenseiten oder die Fehler und erweckt in Ihnen den Eindruck, als sei seine Beschreibung Ihrer Person vollkommen objektiv und zutreffend. Er setzt Ihnen eine Brille auf, die nur das Negative durchlässt und alles Schöne und Positive abhält. Und da der Kritiker so geschickt darin ist, Ihre Wahrnehmung zu verzerren, glauben Sie, dass tatsächlich alles negativ ist.

Sie kochen z. B. ein 5-Gänge-Menü, alles schmeckt wunderbar, alle loben Sie – nur der Nachtisch kommt bei Ihren Gästen nicht so gut an. Was tut Ihr Kritiker? Er hat nichts Besseres zu tun, als Ihr Augenmerk ausschließlich auf das Dessert und die negative Reaktion Ihrer Gäste zu lenken. Er tut einfach so, als habe man Ihnen zuvor überhaupt keine Komplimente gemacht, und ruft Ihnen immer wieder nur das missratene Dessert ins Gedächtnis. Die Folge ist, Sie haben den Eindruck, als sei das ganze Essen ein Reinfall und Sie hätten versagt.

Wenn ich Ihnen einen winzigen Ausschnitt von einem Gemälde zeigen würde – der Rest ist mit einem Tuch verdeckt – und ich würde Sie bitten, mir zu sagen, wie Ihnen das Bild gefällt, was würden Sie mir wahrscheinlich antworten? Vermutlich würden Sie mir sagen, dass Sie sich aufgrund des winzigen Ausschnittes kein Urteil über das gesamte Bild machen können und dass Sie erst das ganze Bild sehen müssten, um sagen zu können, ob es Ihnen gefällt. Ihr Kritiker handelt jedoch anders. Er pickt sich ein einziges Verhalten, einen winzigen Ausschnitt heraus und fällt aufgrund dieses winzigen Ausschnittes Ihrer Person ein Urteil über Ihre ganze Person. Er nimmt eine Eigenschaft, ein Verhalten oder einen Vorfall, um über Sie ein generelles (negatives) Urteil zu fällen. Er lässt Sie in dem Glauben, dass das, worauf er Ihr Augenmerk richtet, die ganze Person ist, so wie jeder der Blinden glaubte, er wisse nun, wie ein Elefant aussieht, obwohl er nur einen Teil des Tieres betastet hatte.

4. Übertrieben großes Verantwortungsgefühl

Für sich und sein Leben die Verantwortung zu übernehmen ist sehr wichtig. Nur wenn wir uns wie ein Bildhauer für unser Lebenswerk verantwortlich fühlen, haben wir die Fähigkeit, unser Leben so zu gestalten, wie wir es uns wünschen.

Unser Kritiker versucht jedoch manchmal, uns für etwas verantwortlich zu machen, für das wir überhaupt keine Verantwortung haben. Er will uns weismachen, dass Dinge, die schief gelaufen sind und die außerhalb unserer Kontrolle liegen, einzig und alleine unsere Schuld und ein weiterer Beweis für unsere Unfähigkeit und Dummheit sind. Wenn sich Freunde oder Gäste danebenbenehmen, dann tut er so, als seien wir dafür verantwortlich und müssten uns für deren Verhalten schämen. Wenn unsere Kinder in der Schule nicht lernen oder sitzen bleiben, dann will er uns einreden, das sei einzig und alleine unsere Schuld. Wir hätten versagt. Wenn unsere Kinder auf die schiefe Bahn geraten, dann sind wir auch dafür verantwortlich. Wenn unser Partner unglücklich ist, dann liegt das an uns.

Zu Beginn meines Therapeutendaseins hat mir mein Kritiker sehr oft einzureden versucht, dass es nur an meiner Unfähigkeit liege, wenn Menschen sich nicht ändern oder es nicht schaffen, ihre Probleme zu lösen. Mein Kritiker wollte mir einreden, dass es nur von mir abhinge, ob es anderen Menschen gut geht. Änderten die Menschen sich nicht, dann wollte er mir einreden, liege das an meiner Unfähigkeit, und ich sei ein schlechter Therapeut. Ich habe einige Jahre gebraucht, bis mir klar wurde, dass ich über andere Menschen keine Macht und keine Kontrolle habe. Ich habe auf andere Menschen einen gewissen Einfluss, aber diese entscheiden, ob sie das annehmen und umsetzen, was ich ihnen sage. Jeder Mensch hat einen freien Willen und ich kann niemanden zwingen, etwas zu tun, wenn dieser sich mit aller Gewalt dagegen wehrt. Ich hatte Patienten, die sich für die verschiedensten Unglücke, die auf dieser Welt geschehen, verantwortlich machten. Deren Kritiker redete ihnen ein, sie seien an Umweltkatastrophen und Kriegen schuld, an Verkehrsunfällen, usw.

5. Gefühlsdenken

Erst redet Ihnen Ihr Kritiker ein, Sie seien minderwertig und wertlos, und wenn Sie sich dann richtig mies fühlen, dann suggeriert er Ihnen, dass Ihr Gefühl, minderwertig zu sein, der Beweis dafür ist, dass Sie tatsächlich minderwertig sind. Sie fühlen sich minderwertig, also müssen Sie auch minderwertig sein. Sie kommen sich hässlich vor, also müssen Sie auch hässlich sein. Sie kommen sich unnütz vor, also müssen Sie auch tatsächlich unnütz sein. Sie fühlen sich hilflos, also müssen Sie auch hilflos sein.

Durch diesen Trick versucht Ihr Kritiker Sie vollends davon zu überzeugen, dass sein negatives Urteil über Sie richtig ist. Ihr negatives Gefühl, so will er Ihnen suggerieren, sei der sichere Beweis für die Richtigkeit seines Urteils.

Sie wissen es nun jedoch besser. Sie wissen, dass Sie sich nur so fühlen können, wie Sie denken. Richtig? Erinnern Sie sich an den Zusammenhang zwischen unserem Denken und Fühlen? Wenn Sie davon überzeugt sind, minderwertig zu sein, dann müssen Sie sich auch so fühlen. Ihr Gefühl, minderwertig zu sein, ist jedoch kein Beweis dafür, dass Sie auch tatsächlich minderwertig sind. Ihr Gefühl ist nur der sichere Beweis dafür, dass Sie denken, Sie seien minderwertig.

6. Untertreibung und Leugnung des Positiven

Der Kritiker in Ihnen versteht es meisterhaft, auch Positives so hinzustellen, dass es kein Gewicht hat. Sie schließen eine Arbeit erfolgreich ab, es gelingt Ihnen ein Essen oder eine Arbeit besonders gut, jemand macht Ihnen Komplimente über Ihr Äußeres; und was macht der Kritiker? Er hat nichts Besseres zu tun, als Ihnen einzureden, dass dies nur Zufall sei, dass dies nichts Besonderes sei, dass die anderen Ihnen nur Honig um den Mund schmieren oder höflich sein wollen, dass das ganz selbstverständlich sei, dass jeder andere das auch hinbekommen kann, dass Sie sich nicht zu früh freuen sollen, da das dicke Ende sicherlich noch komme, usw. Er lässt Ihnen also keine Gelegenheit, Ihren Erfolg zu feiern oder darauf stolz zu sein. Er spielt den Erfolg und die positive Leistung sofort herunter und lässt Ihnen keine Chance, sich darüber zu freuen.

7. Übertreibung von Fehlern und Irrtümern

Ihr Kritiker versteht es meisterhaft, aus einer Fliege einen Elefanten zu machen. Wenn er Sie bei einem kleinen und harmlosen Fehler ertappt, dann holt er sofort eine Lupe, legt den Fehler darunter und lässt Sie durch die Lupe Ihren Fehler betrachten. Und was sehen Sie? Plötzlich ist aus dem kleinen Fehler eine Katastrophe und ein Unglück geworden. Der Fehler erscheint Ihnen nun nicht nur riesengroß, auch bestärkt die scheinbare Größe des Fehlers Sie in dem Glauben, dass dies für Sie schwere negative Folgen haben werde.

Sie werfen bei Tisch ein gefülltes Weinglas um, Ihr Kritiker holt die große Lupe, und was sehen Sie? Sie sehen eine Katastrophe, und angesichts dieses gewaltigen Ausrutschers von Ihnen glauben Sie, Ihr Ansehen sei ein für alle Mal ruiniert und Sie könnten sich nirgends mehr sehen lassen, so als hätten Sie ein Zeichen auf Ihrer Stirn, das jedem sofort zeigt, was Sie doch für ein ungeschickter Tollpatsch sind. Sie stellen fest, dass Sie eine Laufmasche haben oder Ihnen ein Knopf an Ihrer Kleidung fehlt. Sofort kommt Ihr Kritiker mit der Lupe und aus einer harmlosen Laufmasche ist eine Tragödie geworden, und Sie finden sich schlampig gekleidet und glauben aufgrund dieses Makels von jedermann schief angesehen zu werden.

8. Gedankenlesen

Ihr Kritiker lässt keine Gelegenheit aus, um Sie von seiner Theorie über Sie, nämlich dass Sie nichts taugen oder minderwertig sind, zu überzeugen. Ein ganz raffinierter Trick von ihm ist, dass er ganz harmlose und unbedeutende Verhaltensweisen und Bemerkungen Ihrer Mitmenschen dazu missbraucht. Wenn jemand Ihren Geburtstag vergisst, dann fällt ihm nichts Besseres ein, als Ihnen zu erzählen, der Betreffende hätte das absichtlich getan, weil ihm nichts mehr an Ihnen liege. Andere Gründe für das Verhalten dieses Betreffenden existieren für Ihren Kritiker nicht. Wenn Sie auf der Straße gehen und die Passanten schauen Sie nicht an, dann suggeriert er Ihnen vielleicht, diese würden absichtlich wegschauen, weil man Ihnen ansehen würde, was für ein wertloser Mensch Sie sind. Wenn auf einer Party einige Leute zusammenstehen und lachen, dann will Ihnen Ihr Kritiker einreden, diese Leute hätten gerade über Sie gelacht oder hätten über Sie einen Witz gemacht. Wenn Ihnen jemand etwas Nettes sagt, dann sagt er Ihnen, dass dies nicht der Wahrheit entspreche. Der andere wolle sich bei Ihnen lediglich einschmeicheln, um Sie hereinzulegen. Sie rufen eine gute Freundin an und fragen sie, ob sie sich mit Ihnen am nächsten Samstag treffen möchte. Sie sagt, sie habe schon eine Verabredung für diesen Tag. Sie könnten sich aber an einem anderen Tag treffen. Und was tut Ihr Kritiker? Er suggeriert Ihnen, dass dies eine Ausrede sei und sie in Wirklichkeit nichts mit Ihnen zu tun haben wolle, sie sich lediglich nicht getraue, Ihnen das auf den Kopf zuzusagen.

Ihr Kritiker tut also so, als könne er in den Köpfen Ihrer Mitmenschen lesen wie in einem Buch. Was die anderen auch tun, er tut so, als kenne er deren wahre Beweggründe, und diese sind stets schlecht und gegen Sie gerichtet. Auf diese Weise erreicht er, dass Sie alle Ihre Mitmenschen als Feinde ansehen, die Ihnen auf irgendeine Weise schaden wollen. Und weil Sie ihm glauben, verhalten Sie sich Ihren Mitmenschen gegenüber auch reserviert. Diese merken das und halten Sie dann vielleicht für einen komischen Kauz oder meinen, mit Ihnen stimme etwas nicht, und ziehen sich dann ihrerseits von Ihnen zurück. Es tritt dann genau das ein, was Sie vorhergesehen oder befürchtet haben. So etwas nennt man selbsterfüllende Prophezeiung.

9. Ihr Kritiker stellt absolute Forderungen an Sie

Der Kritiker in Ihnen bewertet ständig das, was Sie sagen, tun, denken oder fühlen, und vergleicht das mit einem Idealbild, das er Ihnen vor Augen hält. Ihr Kritiker verlangt von Ihnen stets, dass Sie diesem Ideal zu hundert Prozent entsprechen. Tun Sie das nicht, dann macht er Ihnen sofort schmerzlich bewusst, dass Sie wieder mal versagt haben und dass Sie deshalb ein dummer, egoistischer, fauler oder schwacher Mensch sind.

Die Ideale, an denen Sie heute als Erwachsener festhalten, haben Sie z.T. von Ihren Eltern, Geschwistern und Lehrern übernommen, z.T. von Gleichaltrigen und z.T. sind es auch Ideale, die Sie selbst für sich aufgestellt haben. Wenn Sie z.B. einen sehr strengen Vater hatten, der Ihnen nichts durchgehen ließ, dann haben Sie sich vielleicht geschworen, zu Ihren Kindern ganz anders zu sein, nämlich sehr viel verständnisvoller und nachsichtiger. Sie haben also an sich die Forderung, nicht so sein zu dürfen wie Ihr Vater. Gelingt Ihnen das nicht, sind Sie ebenso streng und hart wie Ihr Vater, dann verurteilt Sie Ihr Kritiker.

Ihre Eltern haben Ihnen gesagt, was richtig und falsch ist, wie man sich zu benehmen hat, was anständig und unanständig ist, was gerecht und ungerecht ist, usw. Sie haben Ihnen erklärt, worauf es im Leben ankommt, wie man seine Arbeit zu verrichten hat, wie man sich anderen gegenüber verhalten sollte, was man als Frau und als Mann tut und nicht tut, und sie stellten Sie als schlechten, undankbaren, herzlosen, egoistischen und gemeinen Menschen hin, wenn Sie sich nicht so benahmen, wie Sie es sollten. Ihr Kritiker hat sich die Gebote, Moralvorstellungen, ungeschriebenen Gesetze, Verhaltensregeln und Verbote sehr gut gemerkt und hält sie Ihnen vor Augen. Er schreibt Ihnen heute vor, wie Sie zu leben haben, wie Sie sich zu verhalten haben, wie Sie zu denken haben, usw. Er verwendet Worte wie: »Du solltest...«, oder »Du solltest nicht...«, »Du musst...« oder »Du darfst nicht...«, »Das hättest Du nicht tun dürfen«, »Das macht man/frau nicht«, ...

Vielleicht herrschte bei Ihren Eltern das ungeschriebene Gesetz, dass man sich, wenn man erst einmal verheiratet ist, nicht mehr trennt. Wenn Sie daran denken, sich von Ihrem Partner zu trennen oder bereits geschieden sind, dann macht Ihnen Ihr

Kritiker Schuldgefühle, indem er Ihnen suggeriert: »Das hättest Du nicht tun dürfen. Du hast versagt«. Vielleicht hörten Sie von Ihrer Mutter immer wieder, dass es verantwortungslos sei, wenn man als Mutter arbeiten geht und man sich nicht rund um die Uhr um die Kinder kümmert. Nun haben Sie ein schlechtes Gewissen, wenn Sie sich darüber hinwegsetzen und eine Halbtagsstelle annehmen oder ausgehen, während ein Babysitter auf Ihre Kinder aufpasst. Ihr Kritiker wirft Ihnen vor, Sie seien eine schlechte Mutter. Vielleicht waren Ihre Eltern sehr religiös und jedes noch so kleine Fehlverhalten wurde von ihnen als Sünde hingestellt, und man prophezeite Ihnen, dass Sie nie in den Himmel kommen würden. Als Erwachsener werden Sie das Gefühl nicht los, dass Sie böse sind und man Ihnen eines Tages all Ihre »Sünden« vorhalten wird. Vielleicht hörten Sie Ihren Vater öfters sagen, dass es die Aufgabe eines Mannes ist, für seine Familie zu sorgen. Wenn Sie nun arbeitslos sind, haben Sie das Gefühl, versagt zu haben, oder wenn Ihre Frau arbeiten gehen möchte, haben Sie das Gefühl, Sie seien nicht »Mann« genug, für Ihre Familie alleine zu sorgen. Vielleicht sagten Ihre Eltern auch, dass man nur wer sei, wenn man studiert. Sie haben aber einen künstlerischen Beruf ergriffen und nun denken Sie, keinen gescheiten Beruf zu haben, und kommen sich minderwertig vor. Vielleicht legten Ihre Eltern sehr großen Wert auf eine »gepflegte Erscheinung« und äußerten sich abfällig über Menschen, die auf ihr Äußeres nicht so großen Wert legten. Wenn Sie sich leger kleiden oder nicht immer vom Scheitel bis zur Sohle korrekt gekleidet sind, kommen Sie sich schäbig vor. Vielleicht war es ein ungeschriebenes Gesetz bei Ihnen zuhause, dass man nicht weint oder seine Gefühle zeigt. Sich so gehen zu lassen wurde als Schwäche ausgelegt. Heute schämen Sie sich, wenn Ihnen zum Weinen zumute ist, und Ihr Kritiker nennt Sie eine Memme oder einen Schwächling. Vielleicht wurde in Ihrem Elternhaus auch sehr viel Wert darauf gelegt, »gute« Bücher zu lesen, politisch interessiert zu sein, usw. Wenn Sie diese Dinge nicht interessieren und Sie lieber Kriminalromane lesen oder sich nicht für kulturelle Dinge begeistern, dann macht Ihnen Ihr Kritiker ein schlechtes Gewissen und gibt Ihnen das Gefühl, dass es nicht richtig ist, sich mit billigen »Schundromanen« abzugeben. Vielleicht waren Ihre Eltern sehr gläubig und gingen regelmäßig in die Kirche. Dann haben Sie als Erwachsener vielleicht ein schlechtes Gewissen, wenn Sie nicht in die Kirche gehen, oder wenn Sie gar daran denken, aus der Kirche auszutreten. Irgendwie werden Sie das Gefühl nicht los, dass Sie für Ihre Ungläubigkeit bestraft werden und Sie ein schlechter Mensch sind.

Die Vorstellungen Ihrer Eltern, wie man leben sollte, sind keine absoluten und unumstößlichen Vorstellungen und Maßstäbe. Es sind Vorstellungen, die vielleicht schon seit Generationen weitergegeben werden, die aber heute keine Berechtigung mehr haben oder nicht mehr in unsere Zeit passen. Es sind Vorstellungen, die vielleicht von ihren Eltern entwickelt wurden und die möglicherweise für die besondere Lebenssituation Ihrer Eltern und deren Bedürfnisse gut und nützlich waren, die jedoch für Ihre Lebenssituation überholt oder nicht nützlich sind. Sie leben in einer anderen Zeit und unter anderen Umständen als Ihre Eltern.

Beispiele solcher überholter Vorstellungen betreffen die Sexualität. Es fallen einem eben nicht die Haare aus, man kommt nicht in die Hölle und es zeugt auch nicht von einem verkommenen Charakter, wenn man sich selbst befriedigt. Andere Vorstellungen betreffen das Sozialverhalten. Noch bis vor vielleicht 30 Jahren schickte es sich nicht für eine Frau, auf der

Straße zu rauchen. Heute ist das gang und gäbe. Für Frauen war es früher keineswegs selbstverständlich, Berufe zu ergreifen, die man als Männerberufe ansah. Für unsere Eltern hatte die Arbeit aufgrund der Kriegserfahrungen und der wirtschaftlichen Probleme der damaligen Zeit einen hohen Stellenwert. Man arbeitete gerne viel und lange. Vergnügen und Freizeit hatten nicht den hohen Stellenwert wie heute. Heute legen immer mehr Menschen Wert darauf, für sich selbst und ihr Vergnügen Zeit zu haben, und die Arbeit steht nicht mehr an erster Stelle.

Viele Moralvorstellungen, Werte und Verhaltensweisen sind heute überholt, andere werden morgen überholt sein.

Ihr Kritiker nimmt davon jedoch keine Notiz und tut so, als sei alles beim Alten, als sei das, was gestern richtig war, auch heute noch richtig. Auf der anderen Seite sind sehr viele Werte und Lebensanschauungen eine sehr persönliche Sache. Jeder muss für sich selbst entscheiden, was ihm wichtig und unwichtig ist. Jeder Mensch hat das Recht, nach seinen eigenen Vorstellungen zu leben, solange er andere nicht dadurch behindert, das Gleiche zu tun. Auch das ignoriert Ihr Kritiker völlig. Er tut so, als seien seine Werte und Anschauungen allgemeinverbindlich.

10. Ihr Kritiker vergleicht Sie mit anderen Menschen

Eine sehr erfolgreiche Strategie Ihres Kritikers besteht darin, dass er Ihre Leistungen, Ihr Äußeres, Ihre Eigenschaften und Fähigkeiten mit anderen Menschen vergleicht. Bei seinen Vergleichen sucht er sich stets Menschen aus, die Ihnen etwas voraushaben, die in etwas besser sind als Sie. Er redet Ihnen ein, dass die anderen, die Ihnen etwas voraushaben, auch bessere und wertvollere Menschen sind, dass mit Ihnen etwas nicht stimmen kann und dass Sie sich schämen müssten. Ihr Kritiker sucht sich bei seinen Vergleichen nie Menschen aus, denen Sie überlegen sind. Logisch, dass Sie immer den Kürzeren ziehen und als der große Verlierer dastehen. Bei diesem Spiel haben Sie keine Chance. Sie müssen verlieren.

11. Ihr Kritiker misst mit zweierlei Maß

Ist Ihnen schon einmal aufgefallen, dass Ihnen Ihr Kritiker Ihre Fehler sehr viel weniger verzeiht als die anderer Menschen? Ist es nicht so, dass er bei anderen eher über einen Fehler großzügig hinwegsieht, während er bei Ihnen bei ein und demselben Fehler ein großes Theater macht?

Wenn Sie sich bei einem Termin verspäten, dann redet Ihnen Ihr Kritiker vielleicht ein, Sie müssten sich schämen und Sie seien unzuverlässig. Fällt er dieses Urteil aber auch bei anderen, die sich verspäten? Sehr wahrscheinlich nicht. Ihr Kritiker misst offensichtlich mit zweierlei Maß. Was er anderen durchgehen lässt, bemängelt er bei Ihnen. Ist das nicht eine schreiende Ungerechtigkeit! Ich weiß, wahrscheinlich wird Ihnen Ihr Kritiker, wenn Sie ihn auf diese Ungerechtigkeit aufmerksam machen, sagen, dass die Unpünktlichkeit bei anderen etwas völlig anderes sei, dass das eben mal passieren könne, – nur eben Ihnen dürfe so etwas nicht passieren.

So ein Unfug! Das ist nur wieder so ein Trick Ihres Kritikers, Ihnen das Leben schwer zu machen. Also ich bin für Gerechtigkeit, und ich hoffe Sie auch, oder? Gleiches Recht für alle. Entweder etwas ist schlecht, dann ist es auch schlecht und zwar unabhängig von der Person, oder es ist in Ordnung. Wenn Sie einen Fehler bei Ihrer Arbeit machen, dann wiegt dieser Fehler genauso schwer, als würde ihn ein Kollege von Ihnen machen. Wie würden Sie denn reagieren, wenn Ihr Chef Sie für einen Fehler kritisieren würde und bei Ihrem Kollegen bei ein und demselben Fehler kein Wort verlieren würde? Das fänden Sie bestimmt nicht lustig, oder? Warum also lassen Sie Ihrem Kritiker diese Ungerechtigkeit durchgehen?

Nun kennnen Sie die Tricks Ihres Kritikers. Da er häufig mit Schuldgefühlen arbeitet und es hierüber viele falsche Auffassungen gibt, schauen wir uns diese genauer an.

Zeugen Schuldgefühle von einem guten Charakter?

»Sind das schlechte Gewissen und die Schuldgefühle, die mir mein Kritiker macht, nicht notwendig?« »Wenn man keine Schuldgefühle mehr hat, ist man dann nicht skrupellos?« Meine Antwort auf diese Fragen lautet:

Schuldgefühle sind vollkommen überflüssig und dienen niemandem, weder dem, der sich die Schuldgefühle macht, noch dem, dem vielleicht ein Schaden entstanden ist.

Sich Schuldgefühle zu machen bedeutet, nicht nur sein Verhalten zu verurteilen, sondern auch sich als Mensch zu verurteilen. Während es in Ordnung ist, sein Verhalten als schlecht und unmoralisch zu bezeichnen, ist es unverantwortlich, sich als Mensch für unmoralisch und schlecht zu halten. Die Verurteilung der eigenen Person macht niemanden zu einem besseren Menschen und sie bewahrt einen nicht davor, das wieder zu tun, wofür man sich verurteilt.

Bei einem meiner Vorträge kam eine Frau auf mich zu und

erzählte mir unter Tränen, dass sie sich seit 15 Jahren heftigste Vorwürfe und Schuldgefühle machte. Vor 15 Jahren war ihre kleine Tochter ertrunken. Die Mutter machte sich seit dieser Zeit Vorwürfe, dass sie daran Schuld hatte und dass sie auf ihre kleine Tochter hätte besser aufpassen müssen. Selbst wenn es stimmt, dass die Mutter ihre Sorgfaltspflicht verletzt hat, ihre Schuldgefühle ändern nichts an der Tatsache, dass ihre Tochter tot ist. Es ist tragisch, dass ihre Tochter ums Leben gekommen ist. Wenn die Mutter jedoch vor lauter Selbstvorwürfen depressiv ist und daran denkt, sich selbst das Leben zu nehmen, wenn sie nur unter starken Anti-Depressiva leben kann und für ihren Mann und ihre Freunde eine riesige Belastung ist, wem ist damit gedient?

Ich habe einige Jahre mit Alkoholikern gearbeitet. Fast alle machten sich in der Zeit, als sie noch getrunken haben, und auch danach, als sie schon trocken waren, heftigste Vorwürfe. Ihre Schuldgefühle haben sie jedoch nicht davon abgehalten, immer wieder zum Alkohol zu greifen. Im Gegenteil. Viele haben erst recht wieder getrunken, weil sie sich aufgrund ihrer Schuldgefühle so schlecht fühlten, dass sie ihre schlechten Gefühle mit Alkohol ertränken wollten.

Es ging ihnen so wie dem Alkoholiker in der Geschichte ›Der kleine Prinz‹ von Saint-Exupery. Der kleine Prinz trifft einen Mann, der sehr viel trinkt. Er fragt ihn: »Warum trinkst du?«, und der Mann antwortet: »Ich trinke, um zu vergessen, dass ich trinke«.

Eine Frau kam zu mir in Therapie, weil sie unter Depressionen litt. Ich stellte sehr schnell fest, dass sie sich für sehr vieles Schuldgefühle machte. Sie machte sich Vorwürfe, dass sie ihre Kinder, die inzwischen erwachsen waren, falsch erzogen hätte. Wenn ihre Kinder unglücklich waren, eine Beziehung in die Brüche ging oder eine Dummheit machten, dann gab sie sich die Schuld dafür. Die Magengeschwüre ihres Mannes waren ihre Schuld. Für alles, was in ihrer Familie schief lief, gab sie sich die Schuld. Ihr Mann und ihre Kinder wussten dies und machten sich ihre Schuldgefühle zunutze. Wenn ihre Kinder Geld brauchten oder ihre Wäsche gewaschen haben wollten und die Mutter sich weigerte, den Wünschen ihrer Kinder nachzugeben, dann stellten die Kinder ihre Mutter als egoistisch hin. Sofort meldeten sich bei ihr Schuldgefühle und sie gab nach, aus Angst, eine schlechte Mutter zu sein. Schuldgefühle machten diese Mutter gefügig. Sie führten dazu, dass sie sich und ihre Bedürfnisse verleugnete, sie gab dadurch öfters nach, als es für ihre Kinder gut war.

Wenn wir etwas falsch machen oder uns etwas zu Schulden kommen lassen, dann ist es gut und richtig, wenn wir uns dessen bewusst sind und sagen: »Ich habe falsch gehandelt. Mein Verhalten ist nicht in Ordnung. Es war nicht richtig, dass ich das gesagt oder getan habe«. Wenn wir lediglich unser Verhalten beurteilen, ohne uns als Mensch zu verurteilen, dann können wir schauen, ob wir unser Fehlverhalten wieder gutmachen können. Wenn wir uns dann noch daran erinnern, dass wir alle nur Menschen sind und als solche nicht perfekt sind, dann können wir uns unser Fehlverhalten auch verzeihen.

Wenn wir uns keine Schuldgefühle machen, dann sind wir keine eiskalten oder skrupellosen Menschen. Das ist ein Märchen, das uns immer wieder die erzählen, die uns manipulieren und zu ihrem Vorteil beeinflussen wollen. Dass Ihnen Ihr Kritiker heute Schuldgefühle macht, liegt lediglich daran, dass Ihre Eltern und Erzieher früher Ihr Verhalten mit Ihrer Person gleichgesetzt haben. D.h.: Wenn Sie etwas Schlechtes taten, dann waren Sie in den Augen Ihrer Eltern auch schlecht. Diese

Denkweise haben Sie sich zu Eigen gemacht und bis heute beibehalten. Sie können diese schlechte Angewohnheit ablegen, indem Sie sich bei aufkommenden Schuldgefühlen klarmachen, dass Sie nicht dasselbe sind wie Ihr Verhalten. Machen Sie sich klar: »Ich habe etwas Schlechtes getan, aber das macht mich nicht zu einem schlechten Menschen. Ich bin ein liebenswerter und wertvoller Mensch, auch wenn mein Verhalten manchmal nicht korrekt oder gar schädlich ist.«

Nun kennen Sie die Tricks Ihres Kritikers, mit denen er Ihnen Tag für Tag Ihr Leben so schwer wie nur möglich macht. Sie wissen, dass Ihr Kritiker ein notorischer Lügner ist, der die Wirklichkeit völlig verdreht und in den düstersten Farben darstellt. Doch das Wissen alleine genügt nicht. Selbst jetzt, da Sie seine miesen Tricks kennen, haben Sie trotzdem immer noch den Eindruck, dass an seinen Worten etwas Wahres dran ist. Sie schenken seinen Worten immer noch mehr Glauben als mir oder Ihrem Verstand, der Ihnen sagt, dass der Kritiker Ihnen nur Lügen auftischt und Ihnen einen Spiegel vorhält, der nicht der Wirklichkeit entspricht.

Das ist ganz normal. Ihr Kritiker ist schon so lange am Werk, dass seine Worte im Moment noch glaubwürdiger sind als die meinen oder die Ihres Verstandes. Je mehr Sie jedoch die Richtigkeit seiner Aussagen anzweifeln, je mehr Sie seine Worte und Anschuldigungen infrage stellen, umso mehr schwächen Sie seine Macht und umso geringer ist sein schädigender Einfluss auf Sie.

Übungen

1. In Kapitel 5 habe ich Sie gebeten, sich eine Woche lang die Worte Ihres Kritikers zu notieren. Nehmen Sie nun diese Liste zur Hand und schauen nach, welche Arten verzerrten Denkens Ihr Kritiker mit Vorliebe benutzt. Gehen Sie jede einzelne Bemerkung Ihres Kritikers durch und überlegen, um welche Form verzerrten Denkens es sich handeln könnte, und warum seine Bemerkung schlichtweg falsch ist. Sie haben die Übung in Kapitel 5 nicht gemacht? Nun wird es aber höchste Zeit. Oder wollen Sie sich von Ihrem Kritiker ewig das Leben zur Hölle machen lassen?

2. Welche Forderungen stellt Ihr Kritiker an Sie?

Die Forderungen, Moralvorstellungen, Gebote und Verbote Ihrer Eltern leben in Form von »Ich sollte«-Gedanken in Ihnen weiter. Wenn Sie in Ihren Selbstgesprächen Worte verwenden wie »Ich sollte...«, »Ich muss...«, »Ich darf nicht...«, »Ich sollte nicht...«, »Ich hätte nicht... dürfen«, »Ich hätte... müssen«, dann können Sie sicher sein, dass Sie damit eine Forderung Ihrer Eltern zu erfüllen versuchen.

Petra, eine depressive Patientin, stellte folgende Forderungen für sich auf:
»Ich sollte nicht so faul sein.«
»Ich sollte mich mehr beherrschen.«
»Ich sollte mehr auf mein Äußeres achten.«
»Ich sollte mich nicht so gehen lassen.«
»Ich sollte mich mehr um meine Kinder kümmern.«
»Ich sollte nicht so egoistisch sein.«

»Ich sollte meine Eltern öfter besuchen.«
»Ich sollte abnehmen.«

Damit Ihnen Ihre Forderungen bewusster werden, ergänzen Sie bitte den Satz »Ich sollte…« auf zehnerlei verschiedene Weise.

Fassen wir zusammen

1. Ihr Kritiker bedient sich sehr raffinierter Lügen, die Sie ihm jedoch abkaufen, da er sie Ihnen schon so oft und so lange Jahre an den Kopf geworfen hat, dass Sie sie schließlich für wahr hielten.
2. Diese Lügen sind vor allem durch verzerrte Ansichten und Denkweisen gekennzeichnet, die es zu durchschauen gilt.

Was möchte ich mir von diesem Kapitel merken?

1. ....
2. ....
3. ....
4. ....
5. ....

Unsere Gedanken
sind unsere größten Verbündeten
oder unsere größten Feinde.

Sie können ein Paradies zur Hölle
und die Hölle zum Paradies machen.

8
Entwaffnen Sie Ihren Kritiker

Im Folgenden möchte ich Ihnen einige leicht anwendbare Tipps geben, wie Sie die Lügen Ihres Kritikers entlarven und seinen Einfluss auf Ihr Wohlbefinden schwächen können. Die Strategien, die ich Ihnen vorschlage, werden Ihnen jedoch nur dann Erfolg bringen, wenn Sie diese Tag für Tag über einen längeren Zeitraum anwenden. Ihr Kritiker wird nicht schweigen, nur weil Sie ihm ein oder zwei Mal Kontra gegeben haben. Er ist nämlich ein verdammt hartnäckiger und zäher Bursche. Um ihn zum Schweigen zu bringen, müssen Sie genauso hartnäckig und zäh sein wie er – und vielleicht noch etwas mehr. Ein kleines Kind lernt nur dadurch laufen, dass es jedes Mal, wenn es hinfällt, wieder aufsteht. Sie werden den Kritiker in sich nur zum Schweigen bringen, wenn Sie ihm jedes Mal, wenn er sich zu Wort meldet, Kontra geben. Wollen Sie das tun? Habe ich Sie gerade »Ja« sagen hören? Dann lassen Sie uns beginnen.

Die wirksamste Waffe im Kampf gegen die kritischen Worte Ihres notorischen Kritikers ist die Wahrheit. Wie Sie im vorangegangenen Kapitel gesehen haben, sieht Ihr Kritiker Sie und das, was Sie tun, durch eine Brille, die Ihnen ein völlig falsches Bild von sich und Ihrem Verhalten zeigt. Sie können dieses falsche Bild korrigieren, indem Sie die Worte Ihres Kritikers anzweifeln und fragen: »Stimmt das? Entspricht das der Wahrheit?« Im Folgenden möchte ich Ihnen anhand der Tricks Ihres

Kritikers, die ich Ihnen im letzten Kapitel vorgestellt habe, zeigen, wie Sie am besten vorgehen.

Was Sie gegen das Alles-oder-Nichts-Denken tun können

Wenn Sie Ihren Kritiker bei seiner Schwarzweiß-Malerei erwischen, dann stellen Sie sich die Fragen: »Entspricht das den Tatsachen?«, »Ist das wahr?«.

Wenn Ihr Kritiker Ihnen z. B. sagt, dass Sie ein Versager sind, dann fragen Sie sich: »Entspricht das den Tatsachen, dass ich ein Versager bin?« Wenn Sie ehrlich sind, dann müssen Sie diese Frage mit Nein beantworten. Sie haben vielleicht bei einer Sache oder auch bei mehreren versagt, aber deshalb sind Sie noch lange kein Versager. Ein Versager ist nämlich ein Mensch, der sein ganzes Leben lang **bei allem** versagt. Ich habe noch keinen Menschen getroffen, auf den das zutrifft. Außerdem begeht Ihr Kritiker den Fehler, dass er Ihr Verhalten mit Ihrer Person gleichsetzt. Wie wir jedoch schon im letzten Kapitel gelernt haben, ist man nicht dasselbe wie sein Verhalten. Man ist nicht, was man tut. Wenn man sich idiotisch verhält, ist man kein Idiot. Richtig?

Wenn Sie zu sich ehrlich sind, dann werden Sie feststellen, dass Ihnen gewisse Dinge auch gelingen und Sie diese erfolgreich meistern. Sagen Sie dies Ihrem Kritiker. Sagen Sie ihm: »Du stellst mich wie der größte Trottel hin. In Wahrheit bin ich nur ein Mensch, der von Zeit zu Zeit einen Fehler macht. Jeder macht mal einen Fehler. Ich werde noch viele Chancen haben, auch wenn ich diese eine Chance verpatzt habe. Ich lasse mir von dir nicht mein Selbstvertrauen nehmen«. Entlarven Sie also die Lügen Ihres Kritikers und widersprechen Sie ihm.

»Was macht das schon, ob ich mich als Versager sehe oder ob ich mir sage, dass ich versagt habe? Das ist doch nur eine Wortspielerei.« Dies wird Ihnen Ihr Kritiker entgegnen, wenn Sie ihm sagen, dass gelegentliches Versagen aus Ihnen keinen Versager macht. Tatsächlich aber ist es ein gewaltiger Unterschied, ob Sie sich sagen, dass Sie versagt haben, oder ob Sie sich als Versager betrachten. Wenn Sie sich als Versager sehen, dann ist Ihre Stimmung im Keller, und Ihr Selbstwertgefühl ist auf null. Richtig? Wenn Sie sich jedoch sagen, dass Sie in einer Situation versagt haben, dass Sie nicht immer versagen und manchmal auch das Richtige tun, dann sind Sie enttäuscht, aber nicht deprimiert. Probieren Sie es gleich jetzt einmal aus. Spüren Sie, wie Ihr Selbstwertgefühl auf null geht, wenn Sie sich einen Versager schimpfen? Und nun sagen Sie sich: »Ich habe lediglich in einer Situation versagt. Deshalb bin ich immer noch ein wertvoller Mensch. Alle Menschen versagen von Zeit zu Zeit. Ich tue mein Bestes«. Spüren Sie den Unterschied?

Warum Sie nicht dasselbe sind wie Ihr Verhalten

Haben Sie schon einmal überlegt, wie sich Ihr »Selbst« oder »Ich« zusammensetzt? Nein? Dann lassen Sie uns eine Bestandsaufnahme machen. Ihr »Ich« besteht u.a. aus:

Ihrem Äußeren
Ihren Gefühlen
Ihren Eigenschaften
Ihren Hobbys und Interessen
Ihren Vorlieben und Abneigungen
Ihrem Alter
Ihren Hoffnungen

Ihren Idealen
Ihren Gedanken und Erfahrungen
Ihren Fähigkeiten
Ihren Bedürfnissen usw.

Daneben haben Sie noch verschiedene Rollen, wie die des Angestellten, der Ehefrau, des Vaters, der Tochter, des Kollegen, des Kunden, des Autofahrers, des Freundes, des Hundebesitzers, usw. Sie vereinigen in sich hunderte von Rollen und Eigenschaften. Wenn Sie sich aufgrund eines Fehlers in einer Rolle für minderwertig halten, dann tun Sie so, als bestünden Sie nur aus diesem Fehler, und vernachlässigen all Ihre anderen Seiten. Finden Sie nicht auch, dass das sehr ungerecht ist und Ihnen in keinster Weise gerecht wird?

Mal ehrlich. Wenn Sie den ganzen Tag – eine Woche lang oder gar ein Leben lang – wie eine Ente quaken, verwandeln Sie sich dann in eine Ente? Sind Sie eine Ente, wenn Sie wie eine Ente quaken? Natürlich nicht. Sie sind immer noch ein Mensch. Ebenso wenig sind Sie ein Versager, wenn Sie versagen. Sie sind und bleiben, was Sie schon immer waren – ein Mensch. Was Sie tun, ist eine Sache und wer Sie sind, eine andere – auch wenn Sie das Gefühl haben, ein Versager zu sein, wenn Sie versagen. Ihr Gefühl ist nur der Beweis dafür, dass Ihr Kritiker Ihnen eingeredet hat, ein Versager zu sein, und deshalb fühlen Sie sich auch wie einer. Lesen Sie hierzu in diesem Kapitel den Absatz ‹Was Sie gegen das Gefühlsdenken tun können›.

Wenn Ihr Kritiker also wieder einmal Schwarzweiß-Malerei betreibt, dann entgegnen Sie ihm: »Du bist nicht objektiv. Für dich besteht die Welt nur aus Versagern und Gewinnern. Das ist Blödsinn. Ja, ich habe versagt, aber das macht mich nicht zu einem Versager. Ich bin lediglich ein fehlerhafter Mensch, der von Zeit zu Zeit das Falsche tut. Deswegen habe ich keinen Grund, mich minderwertig zu fühlen. Ich habe mich angestrengt und mein Bestes gegeben. Mehr kann ich nicht tun«.

Was Sie gegen die übertriebene Verallgemeinerung tun können

Auch hier können Sie sich wieder die Frage stellen: »Stimmt das?«. Wenn Ihr Kritiker Ihnen einzureden versucht, dass Sie immer versagen werden, weil Sie einmal versagt haben, dass Sie immer einen Korb bekommen werden, weil Sie einmal einen bekommen haben, dann fragen Sie sich: »Stimmt das?«. Auch hier müssen Sie sich, wenn Sie ehrlich zu sich sind, antworten: »Ich kann nicht in die Zukunft schauen und vorhersagen, was passieren wird. Deshalb kann ich auch nicht wissen, ob ich das nächste Mal auch wieder versagen werde. Das ist reine Spekulation«.

Was also werden Sie Ihrem Kritiker entgegenhalten? Sie sagen ihm: »Du kannst genauso wenig wie ich wissen, was in der Zukunft passiert. Kein Mensch versagt immer und bei allem. Auch ich nicht. Du willst mich nur entmutigen. Ich werde es eben ein zweites Mal oder ein drittes Mal versuchen. Irgendwann klappt es schon.«

Was Sie gegen die eingeengte Wahrnehmung tun können

Zweifeln Sie auch hier die Worte Ihres Kritikers an und fragen sich: »Stimmt das?«. Bei näherem Hinschauen werden Sie zugeben müssen, dass Ihr Kritiker sich geirrt hat. Wenn Sie sich bemühen, die Angelegenheit mit etwas Objektivität zu sehen, dann müssen Sie zugeben, dass nicht das ganze Essen und der ganze Abend ein Reinfall waren. Dann werden Sie feststellen, dass nur ein Teil des Abends nicht optimal verlaufen ist und dass nur ein geringer Teil des Essens nicht so gut angekommen ist.

Entgegnen Sie also Ihrem Kritiker: »Du tust so, als ob alles schief gelaufen sei, als ob ich auf der ganzen Linie versagt habe. Das stimmt nicht. Ich habe ... gut gemacht. Ich kann nicht erwarten, dass allen Leuten schmeckt, was ich koche. Die Geschmäcker sind verschieden.«

Was Sie gegen das Gefühlsdenken tun können

Das Mittel der Wahl ist auch hier die Frage: »Stimmt es, dass mein Gefühl, ein Versager zu sein, beweist, dass ich ein Versager bin?«. Die Antwort ist nein. Ihr Gefühl sagt absolut nichts darüber aus, wer oder was Sie sind. Ihr Gefühl ist nur der Beweis dafür, dass Ihr Kritiker Ihnen eingeredet hat, Sie seien ein Versager, und deshalb fühlen Sie sich auch wie einer. Lassen Sie sich also durch Ihr Gefühl nicht ins Bockshorn jagen.

Erwidern Sie Ihrem Kritiker: »Erst willst du mir einreden, dass ich minderwertig und wertlos bin, und wenn ich das auch noch glaube und mich so fühle, dann willst du mir weismachen, dass mein miserables Gefühl der Beweis dafür ist, dass ich tatsächlich minderwertig bin. An diesen Schwachsinn glaube ich nicht mehr. Ich fühle mich nur minderwertig, wenn ich dir zuhöre und deinen Worten Glauben schenke. Aber damit ist es ab heute vorbei. Ich nehme dir das nicht mehr ab.«

Was Sie gegen das Mit-anderen-Vergleichen tun können

Wenn Sie feststellen, dass Ihr Kritiker Sie mit anderen vergleicht und Ihnen suggeriert, Sie seien weniger wert, weil Sie nicht so gut tanzen, sprechen oder kochen können, weil Ihr Kollege befördert wurde und Sie nicht, oder weil Ihr Nachbar häufiger in Urlaub fährt, dann sagen Sie ihm: »Es stimmt, dass mir der andere etwas voraushat. Aber wo steht geschrieben, dass er deshalb ein besserer und wertvollerer Mensch ist? Ich bin ich und er ist er. Nur weil er etwas hat oder kann, das ich nicht habe oder kann, habe ich keinen Grund, auf mich herabzuschauen und mich minderwertig zu fühlen. Ich bin genauso viel wert wie er. Kein Mensch muss sich schämen, nur weil ihm andere etwas voraushaben.«

Es ist doch so: Sie und ich können nicht so gut boxen wie einst Muhammad Ali, nicht so gut tanzen wie einst Fred Astaire, nicht so gut kochen wie Paul Bocuse, nicht so gut Auto fahren wie Michael Schumacher. Sie und ich sind nicht so reich wie Bill Gates, sind nicht so intelligent wie Albert Einstein, können nicht so gut Tennis spielen wie Boris Becker oder Steffi Graf, usw. Verglichen mit diesen »Stars« sind wir alle doch nur Waisenknaben. Aber kämen Sie und ich deshalb auf die Idee, uns mit diesen Menschen zu vergleichen und uns deshalb minderwertig zu fühlen? Ich glaube nicht. Warum aber lassen Sie es dann zu, dass Sie Ihr Kritiker mit anderen Menschen, die Ihnen begegnen, vergleicht?

Jeder Vergleich mit anderen Menschen ist im Grunde genommen Unsinn, da jeder Mensch einmalig ist. Jawohl, einmalig. Es gab niemanden wie Sie bisher, und es wird nie mehr jemanden geben wie Sie. Sie und ich sind und bleiben Unikate. Wenn Sie sich mit anderen vergleichen, dann ist das so, als ob Sie Äpfel mit Birnen vergleichen. Ein Apfel ist ein Apfel und eine Birne ist eine Birne. Man kann sie nicht miteinander vergleichen. Sie können sagen, dass Sie Äpfel den Birnen vorziehen, dass Ihnen Äpfel besser schmecken als Birnen. Aber deshalb sind Birnen doch nicht minderwertig, oder? Die Wahrheit über Sie ist: Sie sind »wer«, so wie Sie sind. Sie müssen sich lediglich dafür entscheiden, an diese Wahrheit zu glauben. Und Sie werden daran glauben, wenn Sie sich das oft und lange genug bewusst »eingeredet« haben.

Was Sie gegen das Mit-zweierlei-Maß-Messen tun können

Wenn Ihr Kritiker Sie für einen Fehler oder eine Schwäche »klein« macht, dann fragen Sie sich, ob andere Menschen diesen Fehler nicht auch haben, und ob diese Menschen aufgrund dieses Fehlers auch minderwertig sind. Ist Ihre Antwort Nein, dann müssen Sie entscheiden, ob Sie mit dieser Ungerechtigkeit leben möchten oder nicht. Möchten Sie gleiches Recht für alle, dann sagen Sie das Ihrem Kritiker. Sagen Sie ihm: »Wenn du bei Fehlern anderer nachsichtig bist, dann bitteschön auch bei mir. Ich sehe nicht ein, warum ich strengere Maßstäbe an mich anlegen sollte als an andere Menschen. Ich bin genauso viel wert wie andere und möchte genauso gerecht wie diese behandelt werden.«

Rede ich mir nicht etwas ein oder belüge mich, wenn ...?

Wenn Sie Ihrem Kritiker widersprechen, seine Glaubwürdigkeit anzweifeln und sich beispielsweise sagen, dass Sie »wer« sind, dann wird Ihnen etwas Komisches und sehr Verwirrendes passieren. Sie werden das Gefühl haben, dass Sie sich in die Tasche lügen. Ihr Kritiker wird sich gegen Ihre Angriffe auf seine Glaubwürdigkeit damit wehren, dass er Ihnen einzureden versucht, Sie würden sich etwas vormachen, wenn Sie glaubten, Sie seien kein Versager. Er versucht Sie aufs Kreuz zu legen, indem er Ihnen sagt: »Du redest dir das nur ein. Du willst das nur nicht wahrhaben. Mach' dir nichts vor. Du bist ein Versager. Du hast an allem Schuld. Du baust immer nur Mist«, usw.

Die Reaktion Ihres Kritikers ist verständlich. Er sieht sich in Gefahr. Er merkt, dass seine Macht schwindet und seine Tage gezählt sind. In seiner Not weiß er sich nicht anders zu helfen, als Ihnen das Gefühl zu geben, Sie würden sich belügen und sich etwas vormachen. Er kämpft ums Überleben, und dies ist nun noch seine einzige Waffe, nachdem Sie an ihm und seinen Worten zweifeln. Jetzt heißt es aufgepasst. Wenn Sie nun nicht auf ihn hören und fortfahren, seine Worte anzuzweifeln und richtig zu stellen, dann ist er verloren. Sie dürfen also seinen Worten, dass Sie sich belügen, keinen Glauben schenken.

Sagen Sie ihm: »Deine Tage sind gezählt. Du hast keine Macht mehr über mich. Ich sage nur die Wahrheit. Du bist derjenige, der mich dauernd belügt und mir alles Mögliche einredet. Ich halte mich nur an die Tatsachen, und Tatsache ist nun mal, dass ich liebenswert und wertvoll bin«.

Wenn Sie so mit Ihrem Kritiker reden, dann wird er vielleicht für einen Moment ruhig sein. Aber seien Sie auf der Hut. Er hat noch lange nicht aufgegeben. Er wartet nur darauf, dass Sie für einen Moment unachtsam sind. Dann wird er sofort wieder auftauchen und versuchen, Sie von Ihrem neuen Weg abzubringen. Und wieder heißt es für Sie, ihm zu sagen, dass er der notorische Lügner ist, und dass er Ihnen nichts mehr vormachen kann. Wenn Sie ihm so entgegentreten, dann machen Sie ihm das Leben sehr schwer. Er wird mehr und mehr seine Macht einbüßen.

Machen Sie sich lustig über Ihren Kritiker

Sie kennen das: Wenn man die Worte eines anderen nachäfft, dann fühlt sich dieser nicht ernst genommen und lächerlich gemacht. Genau das können Sie mit Ihrem Kritiker tun. Äffen Sie z. B. seine Worte »Du bist ein Versager« oder »Du bist hässlich« auf komische oder lustige Weise nach, etwa mit der Stimme von Mickymaus. Oder singen Sie seine vernichtenden Worte. Sie werden eine überraschende Entdeckung machen. Sie müssen lachen oder zumindest lächeln und ein positives Gefühl breitet sich in Ihnen aus, d. h. die negativen Worte haben ihre Macht über Sie verloren. Sie haben den Worten des Kritikers ihren Einfluss auf Ihr Befinden genommen und das einfach nur dadurch, dass Sie seine negativen Worte auf lustige oder singende Weise nachgeäfft haben.

Doch machen wir uns nichts vor. Die positive Wirkung dieser Strategie hält nicht lange an. Es ist lediglich eine Erste-Hilfe-Maßnahme, die geeignet ist, sich kurzfristig Linderung zu verschaffen.

Kann man den Kritiker ganz aus seinem Leben verbannen?

Eine Frage, die mir meine Patienten häufig stellen, lautet: »Wie lange dauert es, bis man seinen Kritiker mundtot gemacht hat?« Ich kann Ihnen darauf keine verbindliche Antwort geben außer: Es dauert so lange, wie es dauert. Damit will ich sagen, dass es Monate, ja sogar Jahre dauern kann, bis Sie Ihren Kritiker entmachtet haben. Ich weiß, dass Sie nun vielleicht die Flinte ins Korn werfen möchten, weil Sie sich sagen, das sei zu lange und Sie würden nicht die Kraft und Ausdauer aufbringen, um so lange gegen Ihren Feind Nummer 1 anzukämpfen. Ich weiß jedoch aus der Erfahrung mit meinen Patienten, dass kein Kritiker so mächtig und stark ist, als dass man ihn nicht von seinem Thron stürzen könnte. Sie sind der Stärkere. Sie haben die Macht und die Fähigkeit, seinen Einfluss auf Ihr Leben zu schmälern. Haben Sie Geduld. Bleiben Sie am Ball und denken Sie immer daran, dass Sie auch andere Fertigkeiten wie das Autofahren, das Schreibmaschine-Schreiben oder das Tennisspielen nicht von heute auf morgen gelernt und beherrscht haben. Alles braucht seine Zeit. Wollen Sie daran denken, wenn Sie mutlos sind und am liebsten aufgeben würden?

Bedenken Sie jedoch bitte auch eines: Gleichgültig, wie sehr Sie sich anstrengen, Ihren Kritiker aus Ihrem Leben zu verbannen, es wird Ihnen nie zu hundert Prozent gelingen. Sie, ich, kein Mensch ist perfekt. Wenn es Ihnen gelingt, Ihren Kritiker so weit zum Schweigen zu bringen, dass es Ihnen in der überwiegenden Zeit gut geht, dass er sich nur noch gelegentlich zu Wort meldet, dann haben Sie bereits sehr viel erreicht. Auch mein Kritiker meldet sich von Zeit zu Zeit noch zu Wort.

Aber das ist nicht schlimm. Ich kann mit ihm leben, da er in meinem Leben nur noch einen kleinen Raum einnimmt. In der überwiegenden Zeit gelingt es mir mir mehr ein Freund als ein Feind zu sein. Damit bin ich voll und ganz zufrieden. Ihr Kritiker wird Ihren erfolglosen Versuch, ihn ganz aus Ihrem Leben zu verbannen, zum Anlass nehmen, um Ihnen einzureden, dass Sie nichts gegen ihn ausrichten können, und dass es Ihnen nie gelingen wird, ihn loszuwerden. Sagen Sie ihm dann: »Ich weiß, dass ich dich nicht ganz loswerde. Das ist nicht tragisch. Ich bin zufrieden, wenn ich es schaffe, dir von Zeit zu Zeit erfolgreich das Handwerk zu legen. Damit habe ich schon viel gewonnen. Ich weiß, dass ich nicht perfekt bin. Niemand ist das.«

Wenn Sie tatsächliche Schwächen und Fehler haben

Beim Lesen der vorangegangenen Kapitel haben Sie sich vielleicht gedacht: »Schön und gut. Ich sehe ein, dass mir mein Kritiker oft unberechtigt das Leben so schwer gemacht hat. Er hat mir eingeredet, ich müsste mich mies fühlen, weil ich mich nicht nach seinen Vorstellungen verhalten habe. Aber ich habe doch auch »wahre« Fehler und Schwächen, an denen es nichts zu rütteln gibt. Ich bin nun mal keine Miss Germany oder kein Mister Universum. Ich habe Pickel, meine Nase ist krumm und ich habe sehr kleine Brüste. Ich bin unordentlich und manchmal aufbrausend. Diese Schwächen sind nun mal da. Hat mein Kritiker nicht Recht, wenn er mir diese unter die Nase reibt und ich mich deswegen schlecht fühle?«

Sie haben vollkommen Recht. Natürlich haben Sie, ich, überhaupt alle Menschen, Fehler und Schwächen, die objektiv da sind. Vielleicht sind Sie manchmal aufbrausend, kommen zu spät zu Verabredungen, sind ungerecht, vergessen Dinge zu erledigen, machen Fehler bei Ihrer Arbeit, usw. Vielleicht sind Sie größer oder kleiner als die meisten anderen Menschen, sind stark übergewichtig oder spindeldürr, sind sehr behaart oder haben eine Glatze. Vielleicht haben Sie auch körperliche Mängel, stottern, sind behindert oder aufgrund eines Unfalles oder einer Krankheit körperlich beeinträchtigt. Aber müssen Sie sich deshalb minderwertig vorkommen und sich schämen?

Unsere Fehler und Schwächen, die wir alle haben, sind nicht das eigentliche Problem. Das eigentliche Problem – und das ist sehr wichtig für Sie, in Erinnerung zu behalten – sind die Schlüsse, die wir aus unserem Verhalten ziehen. Sie verschütten Ihren Kaffee und folgern daraus, ein Tollpatsch zu sein. Sie schreien Ihre Kinder an und folgern daraus, eine schlechte Mutter zu sein. Sie haben Schwierigkeiten, sich zu konzentrieren, und folgern daraus, dass nichts mehr mit Ihnen los ist. Sie sind 50 Jahre alt, haben einige Fältchen im Gesicht und folgern daraus, dass Sie unattraktiv sind. Sie verlieren Ihre Arbeit und folgern daraus, ein Versager zu sein.

Es sind die Urteile, die Ihr Kritiker über Sie fällt, mit denen er Ihr Selbstvertrauen zerstört und Sie minderwertig fühlen lässt. Diese Schlussfolgerungen gilt es abzuschaffen und durch Tatsachen zu ersetzen. Wie sehen die Tatsachen aus? Wenn Sie Ihren Kaffee verschütten, dann sind Sie vielleicht ungeschickt, und wenn Sie Ihre Kinder anschreien, sind Sie vielleicht ungeduldig. Dieses Los, ungeschickt oder ungeduldig zu sein, ist jedoch kein Makel, sondern ein Kennzeichen des Menschseins. Diese und viele andere negative Verhaltensweisen teilen Sie mit Ihrem Nachbarn, mit mir und anderen. Sich deshalb für einen schlechten oder minderwertigen Menschen zu halten, ist reichlich irrational und übertrieben. Übrigens: Auch irrational zu sein oder zu übertreiben sind menschliche Eigenschaften. Kein Grund also, sich dafür zu verurteilen.

Einer Patientin von mir musste aufgrund von Brustkrebs eine Brust abgenommen werden. Eine andere Patientin hatte aufgrund eines Unfalles einen verkrüppelten Fuß. Diese und viele andere meiner Patienten fühlten sich aufgrund ihrer körperlichen Beeinträchtigungen und Mängel als Frau oder als Mensch minderwertig. Sie schämten sich dafür und versuchten deshalb krampfhaft, ihren Makel vor anderen zu verbergen. Ich bin mir sicher, auch ich hätte eine schwere Zeit, wenn ich heute aufgrund eines Unfalles oder einer Krankheit körperlich beeinträchtigt wäre.

Andererseits lerne ich aber auch Menschen kennen, die behindert sind, im Rollstuhl sitzen oder weit davon entfernt sind, den gängigen Schönheitsidealen zu entsprechen, und die nicht nur gelernt haben, mit ihren Beeinträchtigungen zu leben, sondern auch gelernt haben, sich selbst mit ihren körperlichen Mängeln anzunehmen. Diese Menschen haben alleine oder durch eine Therapie gelernt, ihren Wert als Frau oder Mann nicht von ihrer körperlichen Verfassung abhängig zu machen. Ich habe behinderte Menschen kennengelernt, die voller Lebensfreude und Begeisterung waren, die mit einer Selbstverständlichkeit mit ihrer Behinderung lebten, als seien sie unversehrt. Diese Menschen nehmen sich mit ihrer Behinderung an. Diese Menschen haben entschieden, dass ihre körperliche Beeinträchtigung ihren Wert als Mensch nicht schmälert. So etwa Gerald Metroz. Gerald Metroz sitzt bei Biolek in der Sendung und sagt selbstbewusst: »Ich bin glücklich«. Dass ein Mensch einen solchen Satz sagt, ist vielleicht nichts Ungewöhnliches. Aus dem Munde eines Mannes, der keine Beine hat, schon. Und Metroz sagt weiter »Würde man mir meine Beine wieder schenken, ich würde sie nicht mehr wollen. Ich möchte jeden Tag etwas Neues entdecken, und dafür braucht man keine Beine«.

Menschen wie Gerald Metroz sind, wie Viktor Frankl es einmal ausdrückte, »der Beweis dafür, dass man dem Menschen alles nehmen kann, bis auf die letzte aller menschlichen Freiheiten, die Freiheit, in jeder Situation seine Einstellung zu wählen.«

Gleichgültig, welche Fehler, Mängel und Schwächen Sie haben, es liegt bei Ihnen, für wie gravierend Sie diese halten, und welche Schlussfolgerungen Sie für sich daraus ziehen. Die Tatsache, dass Sie Fehler und Schwächen haben, macht Sie nicht minderwertig.

Im nächsten Kapitel möchte ich Ihnen Übungen vorstellen, mit deren Hilfe Sie Ihr Selbstwertgefühl und Ihr Selbstvertrauen stärken können. Aber bedenken Sie bitte immer eines: Nur Übung macht den Meister.

Fassen wir zusammen

1. Ihr Kritiker lässt Sie die Wirklichkeit nicht sehen, wie sie ist. Er verzerrt und verdreht sie. Fragen Sie sich deshalb bei allem, was Ihnen Ihr Kritiker sagt: »Stimmt das? Ist das eine Tatsache oder eine Meinung?«
2. Je mehr Sie die Worte Ihres Kritikers anzweifeln, umso mehr schwächen Sie seinen Einfluss auf Ihr Selbstwertgefühl.
3. Wenn Sie Ihrem Kritiker widersprechen, dann haben Sie das Gefühl, sich etwas vorzumachen. Es kommt Ihnen so vor, als würden Sie sich belügen. Dieser Konflikt zwischen Ihren Gefühlen und Ihrem Verstand entsteht zwangsläufig, wenn man eine alte Gewohnheit durch eine neue ersetzt. Ignorieren Sie Ihr Gefühl, dass Sie sich etwas vormachen, und fahren Sie fort, sich die Wahrheit über sich zu sagen. Nach einiger Zeit wird das Gefühl, sich zu belügen, verschwinden und Sie werden sich bei Ihren neuen Gedanken wohl fühlen.
4. Sie brauchen sehr viel Geduld und Übung, um den Kritiker in Ihrem Leben zu schwächen. Es wird Ihnen sehr wahrscheinlich nicht gelingen, Ihren Kritiker ein für alle Mal los zu werden. Aber das ist auch nicht notwendig. Wenn Sie seinen negativen Einfluss auf Ihr Wohlbefinden schwächen, dann haben Sie schon sehr viel gewonnen.

Was möchte ich mir von diesem Kapitel merken?

1. ....

2. ....

3. ....

4. ....

5. ....

Es sind nicht die Dinge,
die uns unglücklich machen,
sondern unsere Sicht der Dinge.

Es sind nicht die Dinge,
die uns glücklich machen,
sondern unsere Sicht der Dinge.

Welche Sicht müssten Sie ändern,
um glücklich zu sein?

9
Übungen zur Stärkung Ihres Selbstvertrauens und Ihres Selbstwertgefühls

Wie Sie gesehen haben, belügt Sie Ihr Kritiker ständig. Wann immer Sie seine Stimme hören, kommt es darauf an, dass Sie wie ein Anwalt fragen: »Stimmt das? Hat er damit wirklich Recht?«. In 99,9 Prozent der Fälle müssen Sie bei objektiver Betrachtung zugeben, dass Ihr Kritiker Sie angeschmiert hat. Sagen Sie ihm das, so oft Sie ihn bei einer Lüge ertappen. Danach stellen Sie seine Aussage richtig. Einige Anhaltspunkte, wie Sie das tun können, habe ich Ihnen in Kapitel 8 gegeben. Diese Strategie des Hinterfragens sollten Sie immer dann anwenden, wenn sich Ihr Kritiker zu Wort meldet. Sie ist gewissermaßen eine Erste-Hilfe-Maßnahme, um sich in einer konkreten Situation nicht von seinem Kritiker ins Bockshorn jagen zu lassen. Wenngleich diese Strategie sehr wirksam ist, sie reicht dennoch nicht aus, um Ihr Selbstwertgefühl und Ihr Selbstvertrauen nachhaltig zu steigern. Hierzu müssen Sie sich einiger anderer Strategien bedienen, die sich bei meinen Patienten schon tausendfach bewährt haben. Diese Strategien werden Ihnen jedoch nur dann zum Erfolg verhelfen, wenn Sie sie konsequent, jawohl konsequent, anwenden. Es genügt ganz sicherlich nicht, diese ein oder zwei Mal anzuwenden, um den gewünschten Erfolg zu verspüren. Sie werden nur dann von ihnen profitieren, wenn Sie sich an meine Anweisungen halten.

Ich habe für Sie aus der Fülle der Hilfestellungen die besten und meiner Ansicht nach wirksamsten ausgesucht.

Manche dieser Übungen werden Ihnen leicht, andere sehr schwer fallen. Je schwerer Ihnen eine Übung fällt, umso wichtiger ist diese für Sie.

Nun müssen Sie Farbe bekennen. Ist es Ihnen wirklich ernst, sich von Selbstzweifeln und Minderwertigkeitsgefühlen zu befreien? Möchten Sie wirklich Ihr Selbstvertrauen steigern und mehr Zufriedenheit in Ihr Leben bringen? Nun, wir werden sehen, ob dieser Wunsch lediglich ein Lippenbekenntnis oder tatsächlich ein Herzenswunsch ist. Wenn Ihr Wunsch, sich zu ändern, lediglich ein Lippenbekenntnis ist, dann werden Sie die nun folgenden Übungen nicht oder nur oberflächlich durchführen. Ist es jedoch ein Herzenswunsch von Ihnen, sich zu ändern, dann werden Sie alles daransetzen, um Erfolg zu haben. Sind Sie bereit? Sagen Sie »Ja«. Haben Sie es getan? Ausgezeichnet. Ich wünsche Ihnen von ganzem Herzen viel Erfolg.

Die 10 wirksamsten Strategien zum Aufbau eines positiven Selbstwertgefühls

1. Sagen Sie sich: »Ich mag dich«

Dies ist die beste und wirksamste Übung, die ich kenne. Sie ist gleichzeitig aber auch die schwierigste. Sie besteht darin, dass Sie in den Spiegel schauen und sich laut sagen, dass Sie sich mögen. Nehmen Sie einen kleinen Spiegel oder noch besser einen Wandspiegel, schauen sich in die Augen und sagen sich laut mit einem Lächeln auf den Lippen: »Vera (setzen Sie hier Ihren Vornamen ein), ich mag dich«.

Sagen Sie sich diesen Satz täglich mindestens 10 Mal für die nächsten 3 Monate! Beginnen Sie damit, wenn Sie morgens ins Bad gehen, und beenden Sie damit Ihren Tag, ehe Sie zu Bett gehen und schlafen wollen. Stehen Sie also mit diesem Gedanken auf und gehen mit ihm ins Bett.

Wenn ich meine Patienten in der Therapie auffordere, dies zu tun, dann wehren sich die meisten mit Händen und Füßen. Sie sagen »Das kann ich nicht«. Es kostet sie eine sehr große Überwindung, diese Übung zu machen. Manche Menschen haben Schwierigkeiten, sich in die Augen zu schauen, und manche fangen während der Übung zu weinen an. Auch Sie werden bei dem Gedanken an diese Übung ähnliche Reaktionen bei sich feststellen. Dies zeigt Ihnen, wie fremd Sie sich selbst doch im Grunde sind. Je schwerer Ihnen diese Übung fällt, umso wichtiger ist sie für Sie. Fangen Sie damit an, sich die Worte »(Ihr Name), ich mag dich« ganz teilnahmslos und gefühllos zu sagen. Machen Sie sich erst mit diesen Worten etwas vertraut. Je mehr Sie sich an sie gewöhnt haben, umso mehr sollten Sie in Ihre Stimme etwas Wärme und Wohlwollen legen, bis Sie schließlich in der Lage sind, sich diese Worte so liebevoll zu sagen, als würden Sie sie einem lieben Freund sagen.

Rechnen Sie zu Beginn dieser Übung damit, dass Ihr Kritiker Ihnen besonders heftig widerspricht und Sie das Gefühl haben, Sie seien unehrlich oder überheblich. Rechnen Sie damit, dass Ihr Kritiker Ihnen einzureden versucht, Sie machten sich etwas vor oder würden sich belügen. Belügen Sie sich aber tatsächlich? Nein, in Wahrheit sagen Sie sich lediglich etwas, von dem Sie noch nicht überzeugt sind. Wiederholen Sie die

Worte »Ich mag dich« unbeirrbar und stur mehrere Male. Ignorieren Sie die unguten Gefühle, die Ihnen Ihr Kritiker macht. Bei dieser Übung kommt es wie bei keiner anderen Übung darauf an, dass Sie nicht auf Ihr Gefühl hören, das Ihnen sagt, es sei falsch, sich so etwas einzureden. Dieses Gefühl ist die einzige und letzte Waffe, die Ihr Kritiker noch hat, um Sie zur Aufgabe zu bewegen. Wenn Sie diese Hürde nehmen, dann haben Sie den entscheidenden Sieg über Ihren Kritiker errungen. Nur Mut. Probieren Sie es – auch wenn Sie hundert Anläufe brauchen, bis Sie diesen Satz über Ihre Lippen bringen. Sie haben nichts zu verlieren, aber sehr viel zu gewinnen. Sie können und werden einen Freund gewinnen, der nicht mehr von Ihrer Seite weicht und für Sie da ist, wenn Sie ihn brauchen. Eine Klientin beschrieb das so: »*… wurde mir ganz mulmig, habe ich das erste Mal geheult. Ich war zutiefst betroffen und habe mich dann selber in den Arm genommen. Hört sich ziemlich bescheuert an, aber es war ein einmaliges Erlebnis. Es war ein super Gefühl, mich endlich als Freundin und nicht als größte Feindin und Kritikerin zu erleben*«.

2. Schließen Sie Frieden mit den negativen Seiten von sich

Wenn Sie gewisse Eigenschaften und Verhaltensweisen nicht an sich leiden können und sich dafür verurteilen, dann liegen Sie in einer ständigen Zwietracht mit sich und leben in Unfrieden mit Ihrer Person und Ihrem Körper. Damit Harmonie in Sie einkehren kann, müssen Sie lernen, Ihre negativen Seiten an sich zu akzeptieren. Erst dann haben Sie die Voraussetzung geschaffen, um diese überwinden zu können. Ich weiß, das klingt verrückt, denn Sie wollen ja alles andere, als Ihre negativen Seiten an sich zu tolerieren. Sie wollen sie los werden, Sie wollen perfekt werden, ohne Fehl und Tadel sein. Aber glauben Sie mir: Je mehr Sie sich gegen Ihre »Fehler« wehren, je mehr Sie diese verleugnen und unterdrücken und sich für sie verurteilen und schämen, umso hartnäckiger und stärker werden sie und umso geringer ist die Chance, sie jemals los zu werden.

Keine Angst. Schlechte Seiten an sich zu akzeptieren heißt nicht, sie gut zu finden oder sich mit ihnen abzufinden. Sie zu akzeptieren bedeutet lediglich, sie für den Moment als Teil der eigenen Persönlichkeit anzunehmen. Manche meiner Patienten befürchten, dass sie, wenn sie erst einmal eine schlechte Eigenschaft von sich akzeptiert hätten, sie keinen Antrieb mehr hätten, sie aus der Welt zu schaffen. Das ist falsch. Das Gegenteil ist richtig. Erst wenn wir sie annehmen, haben wir die Kraft und Fähigkeit, sie zu verändern.

Erstellen Sie nun gleich eine Liste von all den Eigenschaften und Verhaltensweisen, die Sie nicht an sich ausstehen können. Schreiben Sie die 10 Eigenschaften auf, für die Sie sich am meisten schämen, und die Sie am schlimmsten finden.

1. ....

2. ....

3. ....

4. ....

5. ....

6. ....

7. ....

8. ....

9. ....

10. ....

Nun sagen Sie sich täglich mindestens 10 Mal: »Ich verzeihe mir, dass ich … (setzen Sie hier die Eigenschaft ein, die Sie unter 1. stehen haben)«. Sagen Sie sich diese Worte mindestens eine Woche lang bzw. so lange, bis Sie den Eindruck haben, sich diese Eigenschaft tatsächlich zu verzeihen. Danach setzen Sie die Eigenschaft, die Sie unter 2. stehen haben, ein und verfahren auf diesselbe Weise, usw. Sie sehen schon: Ich verlange ganz schön viel von Ihnen. Aber ich kenne nun mal keinen leichteren Weg, wie Sie ans Ziel gelangen können. Ich würde es Ihnen gerne einfacher machen. Leider weiß ich nicht wie.

3. Affirmative Tagesgedanken

Machen Sie sich die folgenden Worte von Shad Helmstetter aus dem Buch ‹Anleitung zum Positiven Denken› zu Ihrem täglichen »Gebet«, das Sie sich mindestens drei Mal täglich für die nächsten drei Monate durchlesen. Viele meiner Patienten sprechen sich diesen Text auf eine Kassette, die sie täglich anhören.

»Ich bin wirklich etwas ganz Besonderes. Ich mag mich so, wie ich bin, und fühle mich gut. Obwohl ich mich ständig zu verbessern versuche und täglich besser werde, mag ich mich auch so, wie ich heute bin. Morgen, wenn ich mich noch mehr verbessert habe, werde ich mich auch mögen.

Auf der ganzen Welt gibt es tatsächlich niemanden, der so ist wie ich. Es hat niemanden wie mich je zuvor gegeben, und es wird auch nie mehr so jemanden geben! Ich bin einzigartig vom Scheitel bis zur Sohle. In mancher Hinsicht mag ich vielleicht wie andere aussehen, klingen oder handeln, doch ich bin nicht sie. Ich bin ich selbst.

Ich wollte etwas ganz Besonderes sein. Jetzt weiß ich, dass ich es bin. Ich möchte niemand anders sein. Ich mag meine Gefühle, meine Gedanken und meine Art, wie ich Dinge angehe. Ich akzeptiere mich und erkenne an, wie ich bin. Ich besitze viele wunderbare Qualitäten. Ich habe Talente, Fertigkeiten und Fähigkeiten. Ich habe sogar Talente, von denen ich noch gar nichts weiß. Ich entdecke ständig neue in mir

Ich bin positiv! Ich bin zuversichtlich! Ich habe eine gute Ausstrahlung! Ich bin voller Leben. Ich mag das Leben und bin froh, am Leben zu sein. Ich bin ein ganz besonderer Mensch, der zu einer ganz besonderen Zeit lebt. Ich bin intelligent. Mein Bewusstsein ist schnell, wachsam, klug und humorvoll. Ich habe gute Gedanken und mein Bewusstsein sorgt dafür; dass sich die Dinge in meinem Leben gut entwickeln.

Ich bin voller Energie, Begeisterung und Lebenskraft. Ich bin aufregend. Es macht Spaß, ich selbst zu sein. Ich bin gerne mit anderen Menschen zusammen und andere gerne mit mir Sie haben Interesse an dem, was ich sage und denke. Ich weiß mein Glück, die Dinge, die ich lerne, und alles, was ich je lernen werde, zu schätzen, solange ich nur am Leben bin. Ich bin herzlich, ernsthaft, ehrlich und natürlich! Ich bin all das und noch vieles mehr All das gehört zu mir Ich mag mich, so wie ich bin. Ich bin froh darüber; ich selbst zu sein.«

Beim Lesen dieses Textes werden Sie, wie schon so oft, das Gefühl haben, Sie sollen sich als jemanden hinstellen, der Sie gar nicht sind, sich etwas sagen, von dem Sie zu »wissen« glauben, dass Sie dieser jemand nicht sind. Sie glauben zu »wissen«, dass Sie nichts Besonderes sind, dass Sie nicht intelligent sind, dass Sie keine besonderen Talente und Fähigkeiten haben, usw. Deshalb sträubt sich alles in Ihnen, so etwas »Falsches« und »Unwahres« zu sagen.

Ihr Widerstand zeigt Ihnen und mir: dass das negative Bild, das Sie von sich haben, sehr tief und fest in Ihnen verankert ist. Wenn man von etwas überzeugt ist – gleichgültig, worum es geht –, dann lässt man sich davon nicht so leicht abbringen. Das geht uns allen so. Wenn Sie die vorangegangenen Kapitel aufmerksam gelesen haben, dann wissen Sie, dass Ihr momentanes Selbst-Bild das Ergebnis Ihrer Erziehung ist. Dieses Selbst-Bild ist jedoch nicht Ihr wahres Ich, sondern lediglich ein Bild, das Sie sich fälschlicherweise angeeignet haben. Sie haben dieses Bild so sehr verinnerlicht, dass Sie glauben, es entspräche Ihrem wahren Ich und es beschreibe Sie völlig korrekt. In Wirklichkeit ist es aber nichts anderes als ein subjektives Bild, das Sie, aus Mangel an einem anderen Bild, von Ihren Eltern oder anderen wichtigen Bezugspersonen übernommen haben. Sie sehen sich heute immer noch durch die ganz subjektive Brille Ihrer Eltern, und das, was Sie durch diese Brille sehen, halten Sie für wahr und richtig. Die Wahrheit über Sie und Ihr wahres Ich ist jedoch eine andere, mit der Sie sich erst noch anfreunden müssen.

Hätten Ihnen früher Ihre Eltern und andere wichtige Bezugspersonen immer wieder gesagt, dass Sie ein einzigartiger, wertvoller und liebenswerter Mensch sind und dass Sie viele Talente und Fähigkeiten besitzen, dann würden Sie heute daran glauben und hätten ein positives Selbstwertgefühl. Es wäre für Sie vollkommen selbstverständlich und natürlich, so von sich zu denken. Sie kämen nicht auf die Idee, dass Sie sich etwas vormachen, dass Sie sich belügen oder dass Sie überheblich sind.

Wenn wir uns eine neue Identität schaffen wollen, wenn wir unser Selbstbild ändern wollen, dann müssen wir die Bekanntschaft mit einer neuen Person, einem Fremden machen. Diese neue Person ist uns so fremd, dass wir sie zuerst gefühlsmäßig ablehnen. Wir müssen uns erst mit ihr anfreunden und uns mit ihr vertraut machen. Es braucht Zeit, bis wir die Wahrheit über uns akzeptieren können.

Lesen Sie deshalb die affirmativen Gedanken so oft ich es Ihnen vorgeschlagen habe. Sie werden dadurch das alte, negative Bild von sich langsam durch ein neues, positives Bild ersetzen und dieses mit der Zeit für »wahr« halten. Denken Sie immer daran: Sie fühlen sich wie der, für den Sie sich halten. Wenn Sie Ihre Einstellung zu sich ändern, wird sich auch Ihr Selbstwertgefühl ändern – das garantiere ich Ihnen.

4. Finden Sie in jedem Menschen etwas Positives

Diese Übung mag Sie überraschen, da ich Ihnen bislang nur Übungen vorgeschlagen habe, die mit Ihrer Person zu tun haben. In jedem Menschen etwas Positives zu finden ist jedoch eine sehr gute Übung, um sich für das Schöne und Gute zu öffnen, das bei jedem Menschen da ist – auch bei Ihnen.

5. Nehmen Sie Komplimente an

Menschen, die um ihren Wert wissen und sich selbst mögen, haben keine Schwierigkeiten, Komplimente anzunehmen. Sie freuen sich, wenn andere sie loben, und sind überzeugt, dass sie das Lob der anderen verdienen. Sie sagen »Danke schön«, wenn ihnen Komplimente gemacht werden, und freuen sich daran. Sie legen keine falsche Bescheidenheit an den Tag oder werten gar das Kompliment des anderen ab, indem sie sagen: »Ach, das ist doch gar nichts« oder »Das Kleid ist schon alt« oder »Das kann jeder« oder »Das ist nichts Besonderes« oder »Das war Zufall«. Gewöhnen Sie sich daran, auf die Komplimente anderer mit einem einfachen »Danke schön« zu reagieren. Erlauben Sie Ihrem Kritiker nicht, dieses Kompliment durch Worte wie »Das kann jeder« kaputtzumachen oder zu schmälern. Sagen Sie sich stattdessen leise: »Ich verdiene es, dass man mir Komplimente macht«. Schreiben Sie dieses Kompliment in Ihr Pluspunkte-Buch, das ich Ihnen empfehle, anzulegen.

6. Führen Sie ein Pluspunkte-Buch

Schreiben Sie auf, was andere Ihnen Schönes und Nettes sagen (Komplimente, Lob, anerkennende Worte, usw.). Finden Sie jeden Tag etwas, das Sie lobenswert und positiv an sich finden, und schreiben es auf. Diese Pluspunkte sind für Sie eine moralische Stütze, wenn Sie wieder einmal verzweifelt sind und glauben, minderwertig und wertlos zu sein. Es ist wichtig, dass Sie sich diese Pluspunkte aufschreiben, da Sie sehr wahrscheinlich dazu neigen, diese sehr schnell wieder zu vergessen.

Nur was Sie schwarz auf weiß haben, können Sie sich jederzeit in Erinnerung rufen.

7. Was schätzen andere an Ihnen?

Notieren Sie sich, was andere (Ihr Partner, Ihr(e) beste(r) Freund(in), Ihre Kinder, Ihre Arbeitskollegen, Ihr Chef) an Ihnen schätzen.

Mein Partner schätzt an mir, dass ....

....

Meine Kinder schätzen an mir, dass ....

....

Mein bester Freund/meine beste Freundin schätzt an mir, dass ....

Meine Arbeitskollegen schätzen an mir, dass ....

....

Mein Chef schätzt an mir, dass ....

....

Mein Vater/meine Mutter schätzen an mir, dass ....

....

Wenn Sie nicht wissen, was diese Personen an Ihnen schätzen, dann fragen Sie diese ganz gezielt danach: »Was schätzt du an mir?« und notieren sich die Antwort.

8. No-Body is perfect
Versöhnen Sie sich mit Ihrem Körper

Im Grunde genommen ist diese Übung überflüssig, wenn Sie gelernt haben, sich selbst anzunehmen und ein Freund zu sein. Dann finden Sie sich nämlich attraktiv, begehrenswert und sexy, so wie Sie sind, und der ganze Jugend-, Schönheits- und Körperkult lässt Sie kalt. Mit den Augen der Liebe betrachtet, finden Sie sich auch schön und attraktiv. In der Zwischenzeit jedoch, bis Sie gelernt haben, sich selbst anzunehmen, können Ihnen die Übungen helfen, ein wenig mehr in Frieden mit Ihrem Körper zu leben. Und glauben Sie mir, das ist enorm wichtig. Solange Sie nämlich in den Spiegel schauen und etwas an Ihrem Körper auszusetzen haben, so lange finden Sie sich unattraktiv und fühlen sich minderwertig. Und solange Sie sich minderwertig fühlen, so lange sind Sie anfällig für gesundheitsschädliche Diäten, überflüssige, kostspielige und meist wirkungslose Schönheitsmittel, Kosmetika und Operationen. Wenn Sie Ihrem Äußeren mehr Gewicht beimessen als Ihrer Person, dann halten Sie quasi das Geschenkpapier für wichtiger als das Geschenk – nämlich Sie.

Beachten Sie bitte: Ich sage nicht, dass man keinen Wert auf sein Äußeres legen und einem das Aussehen gleichgültig sein sollte. Ich sage nicht, dass Schönheit unwichtig ist. Ich sage nicht, dass man seine körperliche Fitness vernachlässigen sollte. Ich sage nicht, dass man keinen Sport treiben, sich ungesund ernähren und sich nicht pflegen sollte. Es geht einzig und alleine darum, sich nicht aufgrund eingebildeter oder tatsächlicher Abweichungen von den Schönheits-, Jugend- und Körperidealen, die sowieso nur ein bis zwei Prozent der Männer und Frauen erfüllen, minderwertig und unattraktiv zu fühlen.

Es geht darum, dass Sie Ihr Selbstwertgefühl und Ihr Selbstvertrauen nicht von der Verwirklichung bestimmter Schönheitsideale abhängig machen. Es geht darum, dass Sie souveräner mit Ihren körperlichen »Unvollkommenheiten« umgehen und jene schönen Seiten an sich entdecken, die Sie durch Ihren Schönheits- und Jugendwahn bisher übersehen haben. Es geht darum, dass Schönheit nur in den Augen des Betrachters existiert. Das soll kein Trost für von der Natur Zu-kurz-Gekommene sein. Das soll einfach heißen, dass es letztlich nur darauf ankommt, wie Sie sich selbst sehen. Und wenn Sie sich trotz Ihrer Unvollkommenheiten attraktiv und liebenswert finden, dann finden auch andere Sie attraktiv und liebenswert, weil Sie dann nämlich eine Ausstrahlung haben, die andere anziehend und liebenswert finden. Sie können mit Falten, Sommersprossen, einigen Pfunden mehr und Segelohren toll aussehen und eine super Ausstrahlung, Persönlichkeit und Individualität haben. Einzige Voraussetzung: Sie müssen grundsätzlich Ja zu sich und Ihrem Körper sagen und zwar unabhängig von Ihrem tatsächlichen Aussehen. Es muss sich nicht das Spiegelbild ändern, sondern Ihr Blick in den Spiegel. Hierbei wollen Ihnen die nachfolgenden Übungen helfen.

Machen Sie den Beauty-Body-Check

a) Was gefällt Ihnen an Ihnen selbst?

Stellen Sie sich nackt vor einen großen Spiegel. Schauen Sie sich von Kopf bis Fuß genau an und fragen sich: Haare o. k.? Augen o. k.? Augenbrauen o. k.? Gesichtshaut o. k.? Nase o. k.? Lippen o. k.? Kinn o. k.? Gehen Sie auf diese Weise alle Körperteile bis zu den Füßen durch und **notieren** sich jene Merkmale, denen Sie ein o. k. gegeben haben.

b) Was gefällt Ihnen nicht an Ihnen?

Stellen Sie sich wieder nackt vor den Spiegel, schauen sich von Kopf bis Fuß an und notieren jene Körpermerkmale, mit denen Sie unzufrieden sind. Ist der Busen Ihrer Meinung nach zu klein oder zu groß? Ist die Nase zu klein oder zu groß? Sind die Hüften zu stark? **Notieren** Sie alle Merkmale, die Ihnen nicht gefallen. Fragen Sie sich bei jedem Körpermerkmal, das Sie nicht o. k. finden: Wer sagt das? Und verglichen mit wem ist mein Busen zu klein oder zu groß? Kenne ich Menschen, die auch einen »zu« kleinen Busen haben und die dennoch attraktiv und liebenswert sind? Kenne ich Menschen, die ihren kleinen Busen mögen? Gibt es Menschen, die meinen kleinen Busen mögen? Diese Fragen bzw. Ihre Antworten können Ihnen helfen, Ihre Unvollkommenheiten in einem anderen Licht zu sehen.

c) Werden Sie und Ihr Körper Freunde.

Nehmen Sie Ihre Listen mit den Körpermerkmalen, die Sie o. k. finden und die Sie ablehnen, zur Hand. Nun nehmen Sie ein Körpermerkmal, das Ihnen nicht gefällt und sagen sich: »Mir gefällt nicht mein … (setzen Sie hier eine Unvollkommenheit ein), dafür gefällt mir … (setzen Sie hier ein Körpermerkmal ein, das Ihnen gefällt). Verfahren Sie so mit jeder Ihrer Unvollkommenheiten. Wiederholen Sie diese Übung so lange, bis Sie das Gefühl haben, sich selbst mit Ihrem Körper mehr annehmen zu können.

d) Gehen Sie liebevoll mit Ihrem Körper um.

Wellness statt Fitness heißt die Devise. D.h. statt sich im Fitnessstudio abzustrampeln oder sich beim Joggen zu quälen, lassen Sie sich lieber eine wohltuende Verwöhn-Massage geben, gehen in die türkische Sauna, nehmen ein entspannendes Bad, kurzum: Schaffen Sie sich positive Körpererlebnisse, die zu innerer Harmonie führen – der ideale Nährboden für eine positive Ausstrahlung.

e) Bewegen Sie sich, wenn Sie Spaß daran haben.

Tanzen, walken, Treppen steigen, mal zum Bäcker laufen, statt mit dem Auto zu fahren – all das stärkt Ihr Körpergefühl und hält fit. Wichtig dabei ist, dass Sie die Bewegung genießen und Spaß daran haben. Pflichtgefühle oder Schuldgefühle sind die falschen Motoren.

9. Machen Sie sich Ihre Stärken und positiven Eigenschaften bewusst

Wenn ich meine Patienten bitte, mir zu sagen, welche positiven Seiten und Stärken sie haben, entsteht in der Regel erst einmal eine lange Pause. Es fällt ihnen nichts ein. Sie tun sich sehr schwer, positive Seiten an sich zu finden. Wenn ich sie umgekehrt bitte, mir zu sagen, welches ihre negativen Eigenschaften sind, dann sprudeln die Worte nur so aus ihnen heraus.

Sicherlich geht es Ihnen ähnlich. Auch Sie tun sich wahrscheinlich sehr schwer, positive Seiten von sich zu nennen. Nun ist es jedoch an der Zeit, dass Sie sich Ihre Stärken bewusst machen. Sie müssen Ihren negativen Seiten etwas entgegensetzen können. Wenn Ihnen nur Negatives über Sie einfällt, dann ist es nicht verwunderlich, dass Ihr Selbstvertrauen und Ihr Selbstbewusstsein gering sind. Welche positiven Seiten haben Sie also als Mensch, in beruflicher, finanzieller, künstlerischer, musischer, geistiger oder körperlicher Hinsicht? Welche Talente und Fähigkeiten haben Sie? Welche Erfolge gibt es in Ihrem Leben?

Machen Sie mir und sich bitte nicht weis, dass an Ihnen nichts Positives ist. Sie haben wie jeder Mensch auch Ihre Stärken und positiven Eigenschaften. Dass Ihnen diese nicht bewusst sind bzw. Sie sich so schwer tun, diese zu benennen, liegt vermutlich daran, dass Sie sie für selbstverständlich oder nicht der Rede wert halten. Sie glauben, nur solche positiven Seiten zu haben, die andere auch haben und die deshalb nicht erwähnenswert sind. Sie meinen, Sie müssten etwas finden, das Sie mit keinem anderen teilen können und das nur Sie besitzen.

Isabell, eine Patientin von mir, tat sich sehr schwer, etwas Positives an sich zu finden. Ich erinnerte sie daran, dass sie in einer unserer Sitzungen gesagt hatte, sie könne gut zuhören und andere kämen gerne zu ihr, um sich auszusprechen. Ich fragte sie, ob dies nicht etwas Positives sei. Sie antwortete: »Das ist doch nichts Besonderes. Das kann jeder. Außerdem sollte jeder dem anderen zuhören«.

Vermutlich geht es Ihnen ähnlich. Auch Sie halten die positiven und erwähnenswerten Seiten von sich für nichts Besonderes und tun sich deshalb schwer, etwas zu finden. Das Problem ist Ihr Anspruchsniveau. Sie meinen, eine Eigenschaft, die manch ein anderer auch besitzt, sei nichts Besonderes. Das ist ein großer Denkfehler. Sie sind zwar einzigartig in dem Sinne, dass es Sie nur ein einziges Mal auf der Welt gibt und je geben wird, aber dennoch teilen Sie mit anderen Menschen gewisse Eigenschaften und Fähigkeiten. Dies ist jedoch kein Grund, von sich zu behaupten, man habe nichts zu bieten, nur weil andere auch die eine oder andere Fähigkeit von einem haben.

Ich möchte vorschlagen, dass Sie eine Art Bewerbungsschreiben verfassen. Stellen Sie sich vor, Sie müssten sich bewerben und es käme darauf an, dass Sie alle Ihre Stärken und positiven Eigenschaften – auch wenn Sie diese mit manch einem anderen teilen – hervorheben. Beim Verfassen dieses Bewerbungsschreibens mag es Ihnen helfen, wenn Sie sich daran erinnern, was andere Ihnen immer wieder zugute halten. Denken Sie darüber nach, welche positiven Seiten und Fähigkeiten andere an Ihnen schätzen, und führen diese mit auf. Nehmen Sie sich Ihr Pluspunkte-Buch zur Hand und verwerten die Eintragungen in ihm. Dieses Bewerbungsschreiben sollte mindestens ein oder zwei handgeschriebene DIN A4 Seiten umfassen.

Um Ihnen einen kleinen Eindruck davon zu vermitteln, wie ein solches Bewerbungsschreiben aussehen könnte, möchte ich Ihnen das von Gloria, einer meiner Patientinnen, vorstellen.

Gloria: Ich bin 35 Jahre alt, verheiratet mit Klaus und habe zwei Kinder Seit 10 Jahren arbeite ich als Sekretärin. Ich leiste gute Arbeit, komme fast immer pünktlich zur Arbeit, vergesse selten, Dinge zu erledigen, und erledige meine Aufgaben immer genau und pünktlich. Ich habe ein gutes Verhältnis zu den meisten meiner Kolleginnen und Kollegen. Mein Chef lobt mich von Zeit zu Zeit und sagt mir, dass er ohne mich aufgeschmissen wäre. Ich bin zuverlässig. Wenn man mir eine Arbeit überträgt, dann erledige ich sie auch gewissenhaft und erfülle das Vertrauen, das man in mich setzt. Meine Kolleginnen unterhalten sich gerne mit mir und fragen mich oft um Rat, wenn es um private oder familiäre Probleme geht.

Ich bin ein warmherziger und offener Mensch. Ich verstehe mich gut mit meinen Kindern und meine Kinder haben Vertrauen zu mir. Wenn sie ein Problem haben, dann besprechen

sie es mit mir. Wenn ich ungerecht zu ihnen war oder aus einer schlechten Laune heraus zu streng zu ihnen war, dann kann ich mich entschuldigen und meinen Fehler eingestehen. Ich nehme mir die Zeit, um mir die Sorgen und Nöte meiner Kinder anzuhören.
Ich bin eine gute Köchin. Mein Mann und meine Kinder essen gerne, was ich zubereite. Wenn wir Gäste haben, dann loben sie mich meistens sehr und bewundern meine Kochkünste. Ich stricke sehr gerne und meine Pullover finden immer großen Anklang.
Ich bin intelligent und kann mir Dinge gut merken. Ich bin handwerklich geschickt und kann kleinere Reparaturen im Haus selbst erledigen. Ich verstehe es gut, mir meine Arbeit einzuteilen. Ich lese gerne Bücher über andere Kulturen und Sitten. Es macht mir Spaß, mit anderen Menschen darüber zu diskutieren. Ich probiere gerne neue Speisen und Gerichte aus, die ich noch nicht kenne.
Ich fahre seit 10 Jahren unfallfrei und habe nur einmal einen Strafzettel wegen Falschparkens bekommen. Es macht mir Spaß, Auto zu fahren. Andere haben mir schon oft gesagt, dass ich eine gute Autofahrerin bin.
Ich bemühe mich, andere Menschen nicht vorschnell zu verurteilen. Ich versuche ihr Verhalten zu verstehen und erinnere mich daran, dass auch ich nicht perfekt bin. Ich mache auch Fehler und andere finden auch nicht immer gut, wie ich mich verhalte.

Beim Lesen dieser Selbstdarstellung mag Ihnen durch den Kopf gegangen sein, dass vieles, was Gloria erwähnt hat, auch auf Sie zutrifft, Sie aber nie auf den Gedanken gekommen wären, dies als positiv anzusehen. Dies zeigt Ihnen, mit welcher

Selbstverständlichkeit Sie Ihre positiven Seiten sehen, und das sollte Ihnen zu denken geben.

So, nun sind Sie an der Reihe. Nehmen Sie sich mindestens ein oder zwei Stunden Zeit, um Ihre eigenen Stärken und positiven Seiten aufzuschreiben. Einmal fertiggestellt, sollten Sie diese Liste ständig ergänzen, wann immer Ihnen etwas einfällt, das Sie ausgelassen haben.

Lesen Sie sich Ihr Geschriebenes täglich für 4 Wochen durch, auch wenn es Ihnen zum Hals heraushängt oder Sie glauben, alles schon auswendig zu wissen. Versprochen? Wenn Ihr Kritiker sich zu Wort meldet, müssen Sie sich Ihrer Stärken und positiven Seiten erinnern, um ihm diese entgegenhalten zu können. Sie müssen in der Lage sein, ihm sagen zu können: »Einen Moment mal. Das stimmt nicht, was du sagst. Ich bin intelligent, kann gut zuhören und bin in handwerklichen Dingen geschickt. Du willst mich nur wieder zu Unrecht durch den Schmutz ziehen«. Um so reagieren zu können, müssen Sie sich Ihrer Stärken bewusst sein, müssen in der Lage sein, sie jederzeit aufzählen zu können. Das können Sie nur, wenn sie Ihnen in Fleisch und Blut übergegangen sind.

10. Eignen Sie sich die Körpersprache eines Menschen an, der über ein gesundes Selbstvertrauen verfügt

Was versteht man unter Körpersprache? Darunter versteht man die Art und Weise, wie man sich bewegt, wie man atmet, welchen Gesichtsausdruck man aufsetzt, wie man spricht und wie die Körper- und Kopfhaltung ist. Unsere Körpersprache ist der sichtbare Ausdruck unserer Gefühle und Gedanken, d.h. was wir empfinden, das spiegelt sich in unserem Körper wider. Wenn man deprimiert ist, dann drückt sich dieses Gefühl auch in unserer Körpersprache aus. Der Kopf und Körper sind nach vorne gebeugt, die Atmung ist flach, die Gesichtsmuskeln sind eher schlaff oder starr. Man bewegt sich eher langsam und schwerfällig und spricht eher leise und langsam.

Diese Verbindung zwischen unseren Gefühlen und unserer Körpersprache ist jedoch keine Einbahnstraße. Wir können nämlich auch unsere Gefühle beeinflussen, indem wir unsere Körpersprache ändern. D.h. wie wir uns bewegen, unser Gesichtsausdruck und unsere Körperhaltung wirken sich ihrerseits auf unser seelisches Befinden aus.

Diese Tatsache können Sie sich zunutze machen, um Ihr Selbstvertrauen in bestimmten Situationen zu steigern. Wenn Sie die Körpersprache eines Menschen mit einem gesunden Selbstwertgefühl und einem gesunden Selbstvertrauen einnehmen, dann fühlen Sie sich auch so. Und wie sieht die Körpersprache eines Menschen aus, der über ein gesundes Selbstvertrauen verfügt? Zunächst einmal steht er aufrecht, Brust heraus, Kopf geradeaus und den Blick nach vorne gerichtet. Seine Körperhaltung signalisiert: Ich bin wer. Und wie spricht man mit einem gesunden Selbstvertrauen? Mit einer festen und angemessen lauten Stimme, die gehört und verstanden wird. Und wie atmet man? Tief und kräftig. Und welche Mimik hat ein Mensch mit einem gesunden Selbstvertrauen? Er setzt einen entschlossenen Blick auf und lächelt offen und freundlich. Nicht zu verwechseln mit einem verlegenen Lächeln. Und wie bewegt man sich mit einem gesunden Selbstvertrauen? Entschlossenen Schrittes.

Sie sehen: Die Körpersprache eines Menschen mit einem gesunden Selbstvertrauen unterscheidet sich völlig von der Körpersprache eines unsicheren Menschen, der gering von sich

sicheres Schreiten (Klepper)

denkt. Dessen Kopf und Körper sind nämlich leicht (unterwürfig, demütig) nach vorne gebeugt. Er spricht mit leiser und eher monotoner Stimme – schließlich will er nicht auffallen, da er sich für eine graue Maus hält. Er atmet eher flach, so als wolle er nicht allzu viel Wind um sich machen. Sein Blick ist nach unten gerichtet, um ja nicht den anderen in die Augen schauen zu müssen. Wenn er lächelt, dann ist es ein verlegenes Lächeln. Er bewegt sich eher schwerfällig und behäbig, um nicht allzu viel Staub aufzuwirbeln.

Achten Sie also auf Ihre Körpersprache. Kontrollieren Sie diese immer wieder und korrigieren sie, wenn nötig. Sie werden sich schlagartig anders fühlen, wenn Sie die Körpersprache eines Menschen mit einem gesunden Selbstvertrauen einnehmen. Machen Sie von dieser einfachen Möglichkeit Gebrauch, Ihr Befinden zu ändern.

Wenn Sie alle 10 Übungen gewissenhaft und mit dem von mir vorgeschlagenen Zeitaufwand machen, dann haben Sie alle Hände voll zu tun. Sie haben das Gefühl, ich brumme Ihnen so viele Hausaufgaben auf, dass Ihnen für nichts anderes mehr Zeit bleibt. Sie haben damit nicht ganz Unrecht. Die nächsten Wochen und Monate sind kein Urlaub. Stellen Sie sich vor, Sie hätten von heute an in sechs Monaten eine Prüfung, in der Sie belegen müssten, wieviel Sie für sich und die Stärkung Ihres Selbstwertgefühls getan und welche Fortschritte Sie gemacht haben. Wenn Sie die Prüfung bestehen, werden Sie mit den unermesslichen Reichtümern belohnt, die Ihre Zukunft für Sie bereithält und die wir uns bereits in Kapitel 4 angeschaut haben. Meinen Sie, das wäre ein Ansporn für Sie, um die Ärmel hochzukrempeln und Tag für Tag zu büffeln? Wenn ja, dann an die Arbeit.

Loben Sie sich für kleine Fortschritte und verzeihen sich Ihre Rückschläge

Wenn wir uns auf den Weg zu einem Ziel machen, dann erreichen wir unser Ziel umso leichter und schneller, je mehr wir zwischendurch kleine Verstärker oder Belohnungen erhalten. Diese kleinen Belohnungen geben uns neuen Mut und neue Energie. Eine solche Belohnung können die Worte sein: »Das hast du prima gemacht. Du hast den ersten Schritt getan. Du bist deinem Ziel jetzt ein Stück näher«. Jeder gute Lehrer weiß, dass es einem Schüler umso leichter fällt, ein komplexes Problem zu lösen, je mehr er das Problem in kleine Teilprobleme oder Zwischenziele aufteilt, und je mehr er den Schüler für das Erreichen jedes Teilzieles in Form lobender Worte belohnt.

Das Ziel, sich als vollwertiger und wertvoller Mensch zu fühlen, liegt für Sie vielleicht in sehr weiter und scheinbar unerreichbarer Ferne. Sehr wahrscheinlich ist es für Sie sogar unvorstellbar, jemals dorthin zu gelangen, und Sie haben überhaupt keine klare Vorstellung davon, wie es ist, dort zu sein. Deshalb ist es sehr wichtig, dass Sie sich kleine Zwischenziele setzen wie etwa das Erlernen der Annahme von Komplimenten. Setzen Sie sich beispielsweise das Ziel, Komplimente annehmen zu können, ohne diese abzuwerten. Loben Sie sich jedes Mal dafür, wenn Sie ein Kompliment angenommen haben, ohne es innerlich oder dem anderen gegenüber abzuwerten oder zu schmälern. Sagen Sie sich: »Das hast du gut gemacht« oder »Ich freue mich, dass es mir gelungen ist, das Kompliment anzunehmen«. Je mehr und je häufiger Sie sich auf diese Weise auf die Schulter klopfen, umso motivierter sind Sie, das nächste Ziel zu erreichen.

Achten Sie dabei sehr genau auf Ihren Kritiker. Er wird Ihnen einzureden versuchen, dass dies doch kein Grund sei, stolz auf sich zu sein. Das sei doch gar nichts, und überhaupt zeuge es von einem miesen Charakter, sich selbst zu loben. »Eigenlob stinkt«, wird er Ihnen vielleicht einreden wollen. Lassen Sie sich von ihm nicht verunsichern. Dies ist nur wieder einer seiner faulen Tricks, um Sie an Ihrer Selbstverwirklichung zu hindern. Sie wissen: Ihm ist jedes Mittel recht, um Sie daran zu hindern, sich zu ändern. Er weiß sehr genau, dass es ihm an den Kragen geht, wenn Sie vom Pfad der »Tugend« abweichen und neue Pfade gehen. Sagen Sie ihm, dass seine Tage gezählt sind und Sie seinen Worten keinen Glauben mehr schenken. Gehen Sie mit Komplimenten großzügig um, ob ihm das nun passt oder nicht. Steter Tropfen höhlt den Stein. Stetes Nichtbeachten und Infrage-Stellen Ihres Kritikers entwaffnet ihn und macht ihn machtlos.

An manchen Tagen wird es Ihnen leicht fallen, sich selbst mehr ein Freund als ein Feind zu sein. An anderen Tagen werden Sie den Eindruck haben, dass Sie Ihrem Kritiker hilflos ausgeliefert sind, und erleben, wie seine Beschimpfungen Sie mutlos machen wollen. Dieses Wechselbad der Gefühle ist absolut normal und unvermeidbar. Lassen Sie sich dadurch nicht entmutigen. Verzeihen Sie sich, dass Sie nicht perfekt sind. Sie können Ihren Kritiker nicht wie ein Zahnarzt einen faulen Zahn mit der Wurzel ein für alle Mal herausziehen. Und selbst, wenn Sie glauben, ihn aus Ihrem Leben verbannt zu haben, kann es passieren, dass er eines Tages wieder auftaucht. So ist er halt. Das hat nichts mit Ihnen oder gar einer Unfähigkeit von Ihnen zu tun. Denken Sie immer daran:

In Ihnen steckt der Samen
eines wunderbaren Menschen.

Lassen Sie ihn aufgehen,
indem Sie sich annehmen.

Schlusswort

Liebe Leserin, lieber Leser,
wir sind am Ende unserer gemeinsamen Reise angekommen. Nun heißt es Abschied nehmen. Ihre Reise aber beginnt erst. Am Ende des Weges erwartet Sie schon sehnsüchtig ein Mensch, den Sie viele lange Jahre kennen, der Ihnen bisher aber mehr ein Feind als ein Freund war – Sie. Ich wünsche Ihnen von ganzem Herzen, dass diese Begegnung der Beginn einer lebenslangen Freundschaft ist.

Habe den Mut,…

Wenn andere dich ablehnen,
habe den Mut, dir selbst liebevoll zu begegnen.
Wenn du einen Fehler machst, habe den Mut,
dir zu verzeihen.
Wenn du dich schwach fühlst, habe den Mut,
dir selbst den Rücken zu stärken.
Wenn du kritisiert wirst, habe den Mut,
dich selbst anzunehmen.
Wenn andere dir nichts zutrauen,
habe den Mut, die Welt zu erobern.

Habe den Mut,
dein bester Freund zu sein.

Wenn Sie mir Ihre Erfahrungen mit diesem Buch mitteilen möchten, dann schreiben Sie mir bitte. Ich freue mich über Ihren Reisebericht.

Dr. Rolf Merkle
Am Oberen Luisenpark 33
68165 Mannheim

Gute Reise wünscht Ihnen

Rolf Merkle